李白

人生得意须尽欢

韩玉龙——编

台海出版社

图书在版编目（CIP）数据

李白：人生得意须尽欢 / 韩玉龙编 . — 北京：台海出版社，2022.1

ISBN 978-7-5168-3106-9

Ⅰ.①李… Ⅱ.①韩… Ⅲ.①唐诗－诗集②李白（701-762）－生平事迹 Ⅳ.① I222.742 ② K825.6

中国版本图书馆 CIP 数据核字（2021）第 168563 号

李白：人生得意须尽欢

编　　者：韩玉龙

出 版 人：蔡　旭　　　　　　　　封面设计：刘昌凤
责任编辑：王　萍

出版发行：台海出版社
地　　址：北京市东城区景山东街 20 号　　邮政编码：100009
电　　话：010-64041652（发行、邮购）
传　　真：010-84045799（总编室）
网　　址：www.taimeng.org.cn/thcbs/default.htm
E - mail：thcbs@126.com

经　　销：全国各地新华书店
印　　刷：三河市华晨印务有限公司
本书如有破损、缺页、装订错误，请与本社联系调换

开　　本：660 毫米 ×960 毫米　　　1/16
字　　数：170 千字　　　　　　　印　　张：14.75
版　　次：2022 年 1 月第 1 版　　　印　　次：2022 年 1 月第 1 次印刷
书　　号：ISBN 978-7-5168-3106-9

定　　价：69.80 元

目 录

李白生平与创作

李白诗

004

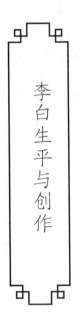

李白生平与创作

生平：大道如青天，我独不得出

李白，字太白，号青莲居士，是我国历史上一位伟大的浪漫主义诗人。李白一生创作丰富，其中很多已成为脍炙人口的千古名篇。他被后人尊称为"诗仙"，与被尊为"诗圣"的杜甫并称为唐代文学的双子星。

少年行

唐武后长安元年（701），李白出生于安西都护府的碎叶城。碎叶是著名的丝绸之路上的重镇，在今天的吉尔吉斯斯坦共和国境内。李白在家中排行十二，相传他出生之时，他的母亲梦见长庚星（古人又称太白金星）坠入怀中，因此给孩子取名李白，字太白。

李白一家居住碎叶城时是隐姓易名的，直到神龙元年（705），也就是李白五岁的时候，朝中发生神龙政变，唐中宗李显复位，李白才随着家人一路跋涉，最终迁居到剑南道绵州昌隆县（后因避李隆基的名讳，改为昌明县）的青莲场地界（今四川江油的青莲乡）。此时他们家才复姓为李。李白的父亲名客，有客居之意。关于李白的家世，鲜少有记载，但根据已有的资料推断，李白家境比较富庶，很有可能是商贾之家。所以我们在诗文中见到的往往是一个挥金如土的豪士形象，什么"五花马，千金裘"，都尽可拿去换取美酒。在《上安州裴长史书》中，他还曾说："曩昔东游维扬，不逾一年，散金三十余万，有落魄公子，悉皆济之。"不到一年时间就散金三十余万，可见李白生活的豪奢与对钱财的毫不吝惜。

关于李白一家的原籍，李白曾经在诗文中自述："白，陇西布衣，流落楚汉。"（《与韩荆州书》）"家本陇西人，先为汉边将。"（《赠张相镐二首·其二》）他几次说自己祖籍陇西成纪（今甘肃静宁），是汉将李广之后，凉武昭王李暠的九世孙。这种说法与当时的文人在求仕时都尽量标榜自己家世煊赫有关。

李白在文学方面不啻于是一个天才，他自幼便有惊人的天赋，同时得益于良好的教育环境和自己的勤奋，使他在诗文创作上展示出非凡的才华和蓬勃的创作力。"五岁诵六甲，十岁观百家。"（李白《上安州裴长史书》）"十五观奇书，作赋凌相如。"（李白《赠张相镐二首·其二》）"观书散遗帙，探古穷至妙。片言苟会心，掩卷忽而笑。"（李白《翰林读书言怀呈集贤诸学士》）李白在这些诗文中，无不展示出自己骄人的天赋与才学，也可看到李白在学习的过程中，涉猎非常广泛，黄老列庄、诸子百家无不为学，因而造就了他不拘一格的文风、无际无涯的才思以及开阔的思想境界。

李白不仅博观群经，还修习剑术，在《与韩荆州书》中，他说自己"十五好剑术，遍干诸侯"；《五月东鲁行答汶上翁》一诗中，他也提到"顾余不及仕，学剑来山东"。当时的唐王朝游侠风气正盛，《新唐书·李白传》中也有关于他"喜纵横术，击剑，为任侠，轻财重施"的记载。在李白的诗中，也可看到他常常随身佩剑，"金羁络骏马，锦带横龙泉。"（《留别广陵诸公》）"醉来脱宝剑，旅憩高堂眠。"（《冬夜醉宿龙门，觉起言志》）

李白年少之时便在当地颇具盛名，五代王仁裕《开元天宝遗事·粲花之论》中记载："李白有天才俊逸之誉。每与人谈论，皆成句读，如春葩丽藻，粲于齿牙之下。时人号曰'李白粲花之论'。"十四岁时，昌明县令特地派人前来招募李白去县衙当了一个小吏。父亲李客深知李白的个性冒失，嘱咐他要谨小慎微，以免生出祸端。然而李白在县衙没几个月，就惹出了不少的麻烦，他既没有办法对别人曲意奉承，更看不上官场上的是非不辨、官虎吏狼。最终，他辞去了在县衙的职务。

李白的青少年时期都是在蜀地度过的，他十八岁时，曾经在四川戴天大匡山跟随一名隐士东严子学习纵横术，一度过上了隐居生活。有人考证东严子其实就是赵蕤，纵横术是入世的学问，治乱之术，李白思想中的时进时退的矛盾，可能就与赵蕤有关。

李白二十几岁的时候离开了四川，从此再没有回去过。四川的山奇崛险峻，方才有"蜀道之难，难于上青天"（《蜀道难》）的喟叹；四川的水汹涌奔流，"暮雨向三峡，春江绕双流"（《登锦城散花楼》）令人陶醉；四川的月承载了诗人雄奇瑰丽的浪漫想象，亦是日后每每举头望月，那萦于心怀的缭缭绕绕的故乡之思。

客中作

中国古代文人大多数都抱有政治理想，李白也不例外。李白的政治理想便是当朝为宰相，他在《代寿山答孟少府移文书》中说道："申管晏之谈，谋帝王之术。奋其智能，愿为辅弼，使寰区大定，海县清一。"此外他曾在《赠钱征君少阳》中写道："秉烛唯须饮，投竿也未迟。如逢渭水猎，犹可帝王师。"这里他用了姜太公钓鱼渭水之滨，得遇周文王的典故，表明自己的从政理想，即成为帝王之师。李白大概二十五岁的时候离开了四川，准备去实现他宏伟的政治抱负，正所谓"仗剑去国，辞亲远游"。

在唐朝，科举取士制度已日臻成熟，考中的士子有"春风得意马蹄疾，一日看尽长安花"（唐·孟郊《登科后》）的快意，屡试不中的有"今朝有酒今朝醉，明日愁来明日愁"（唐·罗隐《自遣》）的消沉。无疑，科举是许多平民子弟鱼跃龙门的最佳途径。

然而李白一生从未参加过科举考试，他似乎也从未将参加科举作为自己的求仕途径。一方面，李白对于才华的极度自负，让他懒于同凡夫俗子一样通过科举的途径获得青睐，所以他理想的从政之路是直接跳过科举这一步骤，直上青云。另一方面，则可能是李白的出身导致他无法跟其他平民子弟一样正常地参加科举考试。唐代的户籍制度已经比较完善，参加科举的人必须符合生徒和乡贡的身份，而李白一家的原籍很难说明白，他的父亲甚至连名字都不清不楚，在李白的诗文中对自己的家世也讳莫如深。李白之所以不参加科举，很有可能是在当时他并不具备考试资格。

不参加科举的李白便通过结交名士、自我推荐的方式来求取仕途。《与韩荆州书》（韩荆州，即韩朝宗，此文约作于唐玄宗开元二十二年，即734年）中他吹捧道"生不用封万户侯，但愿一识韩荆州"，又以毛遂自居："三千宾中有毛遂，使白得颖脱而出，即其人焉。"希望通过韩朝宗的引荐，使自己"扬眉吐气，激昂青云"。事实上，除了李白本人自认为自己是从政的天才，大概其他人都认为李白并不适合为官。"时人见我恒殊调，见余大言皆冷笑。"

（《上李邕》）李白生性不羁狂放，让这样一个恃才傲物之人在官场之上曲意逢迎、左右逢源，显然是强人所难。李白即便是在自荐信中，也难以放下自己的清高桀骜。在《上安州裴长史书》中，他说："若赫然作威，加以大怒，不许门下，遂之长途，白既膝行于前，再拜而去，西入秦海，一观国风，永辞君侯，黄鹄举矣。何王公大人之门，不可以弹长剑乎？"他因为遭受别人的诽谤，而写了这样一封辩解之书，同时希望裴宽能够重用自己。然而信中，他仍旧直呼：你若是不肯重用我，我就此拜别你，今后我如鲲鹏入海天，再也不来见你了。

显然，李白决不是为了达到目的就可以委曲求全的人。即便是求人办事，他也是不失狂妄本色，未免显得幼稚。李白在求仕的道路上多次碰壁，但却一直没有放弃过通过关系被举荐的希望。事实上，李白自己在入世与出世之间，也常常陷入矛盾的心态。

他在《代寿山答孟少府移文书》中陈述了自己"愿为辅弼"的理想，随后他又说道："事君之道成，荣亲之义毕，然后与陶朱、留侯，浮五湖，戏沧州，不足为难矣。"他的从政为官，不是追逐功名利禄，而是要治国平天下，成全天下之大道。而功成之后，他也不愿意躺在功劳簿上，而是要退隐江湖。由此可见，李白的为政理想与自己本身的爱好是相矛盾的。

处在这种矛盾的心态中，并且在求仕途中屡次碰壁，李白便干起了自己最擅长的事情——喝酒、游历山水、寻仙访友。李白交游十分广泛，他的好友当中，既有达官贵人，也有求仙求道的隐士，也不乏山野乡人。得益于此，唐玄宗天宝元年（742），四十二岁的李白得到朋友的引荐，被唐玄宗征召入京。他十分兴奋，立刻作别南陵家中的妻子儿女，放言道："会稽愚妇轻买臣，

余亦辞家西入秦。仰天大笑出门去，我辈岂是蓬蒿人。"（《南岭别儿童入京》）

归去来

相传李白到长安之时，唐玄宗也亲自降辇相迎，颇有惜才爱才之意。然而此时的唐玄宗已非初登高位时候的那个励精图治的皇帝，整个唐王朝的运势也由盛转衰。较之于国运民生，唐玄宗还是更加沉溺于酒色歌舞，成日里研究音乐舞蹈、新词旧赋，这些才是他目前生活的主流。

李白初到长安之时，担任秘书监的唐朝著名诗人贺知章一见到他，便大加赞赏，听了李白所作《乌夜啼》之后，更赞他的诗惊天地、撼鬼神，称呼李白为"谪仙人"。李白对这个称号颇为满意，不止一次在诗中提到。

李白在长安生活了一阵子，但是触手政务少之又少，大多数时间他都混迹在唐玄宗组织的宴饮游乐活动中。天宝二年（743），唐玄宗和杨妃（即杨玉环，此时是太真道士，后被封为贵妃）在兴庆宫中的沉香亭赏牡丹花，宫中的乐师李龟年带领梨园子弟表演歌舞助兴。唐玄宗说旧调子已经听腻，应谱新词、作新曲，于是召来翰林待诏李白进宫写词。李白立刻写就《清平调词三首》，题在金花笺上，这仓促间挥笔写就的诗篇如今已流传千古。

然而唐玄宗的这种赏识也仅限于他的文才，他并未能在政治上施展他的才华抱负。反倒是宫廷里的生活，于天性不羁、恃才放旷的他是一种束缚。他只想赶紧"功成谢人间，从此一投钓"（《翰林读书言怀呈集贤诸学士》）。现实似乎没有给他这种机会。李白作为翰林待诏，实际上就是皇帝的御用文人，随时等待皇帝召见。朝中的政权掌握在李林甫手里，统治阶级内部倾轧，君主昏庸无道，哪有满腔治国理政抱负的李白的一席之地呢。

天宝三载（744）正月，贺知章告老还乡，李白赠言道："镜湖流水漾清波，狂客归舟逸兴多。山阴道士如相见，应写《黄庭》换白鹅。"（《送贺宾客归越》）言辞之中无不表露出对贺知章的羡慕。

李白待在长安的日子，可谓是哪里都不合适。他对这种御用文人的身份感到厌倦，还经常因为喝酒误事。杜甫就曾写道："李白斗酒诗百篇，长安市上酒家眠。天子呼来不上船，自称臣是酒中仙。"（《饮中八仙歌》）后来他又受到宫中之人的排挤，最终唐玄宗将他赐金放还。李白于天宝元年秋天来到长安，天宝三载春天便离开，在长安生活只有一年半的时间。

李白再次过上了游历四方的漂泊生活。在一次与朋友的送别宴上，他感慨良多："我本不弃世，世人自弃我。一乘无倪舟，八极纵远舵。燕客期跃马，唐生安敢讥？采珠勿惊龙，大道可暗归。故山有松月，迟尔玩清晖。"（《送蔡山人》）诗中透露出李白怀抱利器却郁郁不得志的消极情绪，只有归隐山林，与三两友人对酒当歌，吟风弄月，才能得到一些慰藉。

侠客行

天宝三载（744），四十四岁的李白怀着失意的心情离开了唐朝政治中心长安，开始了他的第二度漫游生活。此时的李白已经名满天下，所到之处无不受到当地官员以及百姓的热烈欢迎。

当李白行至河南洛阳时，他结识了唐代文学的另一颗明星——杜甫。二人一见如故，很快结成至交。在洛阳分别时，他们便相约同游梁宋（河南商丘一带）。

这年秋天，李白、杜甫如约漫游梁宋，在这里，他们还遇到了另外一位著名诗人——高适，于是三人一同畅游，饮酒论诗，好不快活。

李白在漫游梁宋期间，路过汉代梁孝王所建的梁园时，写下了著名的《梁园吟》。在诗中他说："人生达命岂暇愁，且饮美酒登高楼。平头奴子摇大扇，五月不热疑清秋。玉盘杨梅为君设，吴盐如花皎白雪。持盐持酒但饮之，莫学夷齐事高洁。昔人豪贵信陵君，今人耕种信陵坟。荒城虚照碧山月，古木尽入苍梧云。梁王宫阙今安在，枚马先归不相待。舞影歌声散绿池，空余汴水东流海。"那些豪华宫阙如今落满尘土，昔日的豪杰如今只余孤坟，不如有酒且须饮，及时当行乐。然而他又说："沉吟此事泪满衣，黄金买醉未能归。连呼五白行六博，分曹赌酒酬驰晖。歌且谣，意方远。东山高卧时起来，欲济苍生未应晚。"自己虽然暂且为隐士，但仍旧寄希望于将来。他就像东晋的谢安东山高卧一样，只要时机一到，就继续为苍生谋福，仍不算晚。这是李白的郁结所在，他虽然身在草莽，但仍旧心系庙堂。

天宝三载秋冬之际，李杜分手之后，李白又踏上了学道的征途。他对于学道一直都非常热心，更有许多道友，比如道士元丹丘，就是他相交三十年的知己。"余尝学道穷冥筌，梦中往往游仙山。"（《下途归石门旧居》）他的学道热诚使他在梦中都在拜访仙山。李白在齐州（今山东济南一带）紫极宫请道士高天师（名高如贵）授道箓，正式成为一名道士。此后，李白的足迹遍布河南、山东、陕西、浙江、江苏、江西、安徽等地。

在李白二度漫游的十几年间，李白耳闻目睹了国家战乱不断，统治者残暴无道，他对底层人民也给予深切的同情。他写战争的残酷："去年战，桑干源；今年战，葱河道。洗兵条支海上波，放马天山雪中草。万里长征战，三军尽衰老。"（《战城南》）他写劳动人民的不幸："一唱都护歌，心摧泪如雨。万人系磐石，无由达江浒。君看石芒砀，掩泪悲千古。"（《丁都护歌》）

唐王朝的弊病已然积重难返，就在李白漫游到安徽宣城一带的时候，安史之乱爆发了。

天宝十四载（755）十一月初九，安禄山以讨伐杨国忠为名，在范阳起兵，第二年就攻到了长安，唐玄宗逃到了四川。天宝十五载（756）七月，唐玄宗颁布分置制诏，由几位皇子分别镇守一方。太子李亨北上至灵武，即位为唐肃宗，尊唐玄宗为"上皇天帝"。一个月后消息传到成都，唐玄宗也只好承认了李亨登基的现实。

李白和当时大部分老百姓一样，对唐玄宗仓皇逃难的行为愤恨不已。李白的爱国之心时时欲动，这也促使他参与了永王李璘事件。

永王李璘是唐玄宗的第十六个儿子，他被任命为山南东路、岭南、黔中、江南西路四道节度使，坐镇江陵。李璘按照唐玄宗分置制诏的意图，迅速成长为长江流域一支巨大的政治力量，无疑，这对于新登基的李亨来说，是巨大的威胁。李亨命令李璘回到成都侍奉玄宗，被李璘拒绝。

李璘在江陵招募了万余人马，挥师东下。路过江西九江时，他多次请隐居在庐山的李白出山。李白自己也觉得为国效力时机已到，于是响应了李璘的征召。这一年李白五十六岁。

李白在跟随李璘东巡时，作《永王东巡歌》十一首。在第二首诗中，他将自己比作谢安，"但用东山谢安石，为君谈笑静胡沙。"言辞中有壮志将酬的乐观。昔日从政的理想未能实现，如今投笔从戎，也是报效祖国的一种方式。

临路歌

李璘没有听从唐肃宗的调派回到四川，于是李亨就任命高适为御史大夫、扬州大都督府长史、淮南节度使，带军讨伐李璘。不到两个月的时间，永王李璘的军队就被消灭了，李璘也被杀死。

参军之后的李白还未能施展其才华，便成了"叛军"的一员。他被捕入浔阳狱中。李白满腔热情为国效力，到头来却无端由成了叛军，成了政治斗争中的牺牲品。当初的投笔从戎的意气，都变成了长长的嗟叹。"万愤结习，忧从中催。金瑟玉壶，尽为愁媒。举酒太息，泣血盈杯。"[《上崔相百忧章（时在浔阳狱）》]

后来在御史中丞宋若思的帮助下，李白被释放了。宋若思邀李白入幕府，还推荐他入朝，但唐肃宗没有答应。唐至德二载（757）九月，唐肃宗收复长安和洛阳。然而天下局势刚刚好转，统治者又开始了"算总账"，第二年，李白因为永王李璘事件，被流放到夜郎（今贵州遵义一带）。

李白还没有到夜郎，走到巫山三峡的时候，遇到大赦天下，所以李白也被释放了。得到这样振奋的消息，李白顿时欣喜若狂："朝辞白帝彩云间，千里江陵一日还。两岸猿声啼不住，轻舟已过万重山。"（《早发白帝城》）这一年李白已经五十九岁了。李白在得到赦免后，又重新燃起了对前途的渴望，他写道："圣主还听子虚赋，相如却与论文章。愿扫鹦鹉洲，与君醉百场。

啸起白云飞七泽，歌吟渌水动三湘。莫惜连船沽美酒，千金一掷买春芳。"（《自汉阳病酒归，寄王明府》）他将自己比作司马相如：只要朝廷需要我，我愿立刻倾注自己的才能。五十九岁的李白赋予诗中的豪气与自信，与他三十岁时别无二致。

之后李白流连在湖南湖北一带，希望获得朝廷的征召。他时时刻刻关注国家的命运："中夜四五叹，常为大国忧。"（《经乱离后天恩流夜郎忆旧游书怀赠江夏韦太守良宰》）他六十一岁的时候，听闻李光弼出镇临淮，还想再次参军为国效力，最终因病半道而返。

李白生命中的最后时光，是在安徽当涂度过的。他寄居在族叔李阳冰的家中，一病不起。在临终之际，六十二岁的李白写下了此生最后一首诗《临路（疑为"终"之误）歌》：

大鹏飞兮振八裔，中天摧兮力不济。

余风激兮万世，游扶桑兮挂左袂。

后人得之传此，仲尼亡兮谁为出涕？

诗中他仍用最爱的大鹏自比，自己再无力高飞了。只希望后人能像记得孔仲尼一样记得他，记得他的诗篇。李白的一生，其实是失意的一生，然而他就是在这种失意中振作、奋起，直至生命的最后时刻。他太过浪漫，以至于人们把许多美好的想象、传说都强加在他身上。有人说他是醉酒捉月，沉水而死，这么荒唐的故事，如果它的主角是李白，似乎也很合理。

创作：春风与醉客，今日乃相宜

李白生平活动之时，唐王朝正值一幅强盛繁荣的盛世景象。多元文化在这一时期交流、融合，儒、释、道文化都得到空前的发展。李白，正是这盛唐气象的杰出代表。他为人狂放不羁，浪漫至死；他的诗奇崛无双，奔放张扬。李白一生都是在四处游历，天涯漂泊，所以平生著述，"十丧其九"，流传下来的诗文只有九百多篇。而这九百多篇诗文，仍使得李白成为中国文学史上最杰出的浪漫主义诗人。

李白与道

李白被后人尊为"诗仙""酒仙"，同时代的大诗人贺知章也称呼他为"谪仙人"。他的诗文往往散发出浓厚的仙气，天马行空的想象，惊才绝艳的文思，引经据典却不矫饰，诗境磅礴，气脉雄浑，可谓至道天然。而李白诗文中的仙气与他的道教信仰有着密切的关系。

唐高祖李渊称帝后认道家创始人李耳（即老子）为祖宗，从李渊开始，历代唐朝皇帝都十分尊崇道教，从而使道教得到了极大的发展。李白的好友元丹丘，就是当时著名的道士；把他引荐给唐玄宗的玉真公主，也是一名道士。

李白很小的时候便有了道教信仰，他曾说："十五游神仙，仙游未曾歇。"（《感兴八首·其五》）大概从十五岁左右开始，李白就一直走在求仙问道的道路上。

当时求道还流行炼丹吃药，即所谓的仙丹、仙方。李白在诗文中也多有提及，"我来采菖蒲，服食可延年。"（《嵩山采菖蒲者》）"一食驻玄发，再食留红颜。"（《杂诗》）这些听起来荒诞不经，但当时许多人都深信不疑。而当李白把对求仙问道的信仰融入他的诗歌里的时候，他的诗就被赋予了一种缥缈的仙气和玄妙的意趣。"安得五彩虹，架天作长桥。仙人如爱我，举手来相招。"（《焦山望松寥山》）

李白在求仕不成的余下大部分时间里，都在四处游历，遍访名山。他说自己"五岳寻仙不辞远，一生好入名山游"。（《庐山谣寄卢侍御虚舟》）李白去过的山很多，大匡山、太白山、敬亭山、天门山、大巴山、峨眉山、凤凰山、衡山、泰山、庐山等等，据统计他登过八十多座山，写下了不计其数的名篇。许多人因他的诗文而去造访那些山岳，却往往感到名不副实。李白诗中的山，与其说是他眼睛看到的，不如说是他脑海中想象的，他将许多奇幻、瑰丽的色彩加诸其上，使原来不为人知之地成了后人们争先恐后参观的胜景，体现了他现实内容与非现实情节的结合，具有浓厚的主观情感色彩。

李白不仅善于夸张，发挥想象，他甚至连去都不用去，在梦中也能走访名山。这与他求仙问道，又好饮酒分不开关系。他曾经不止一次写到自己梦中游历的场景，这其中就有著名的《梦游天姥吟留别》。

我欲因之梦吴越，一夜飞渡镜湖月。

湖月照我影，送我至剡溪。

......

脚著谢公屐，身登青云梯。

半壁见海日，空中闻天鸡。

千岩万转路不定，迷花倚石忽已暝。

熊咆龙吟殷岩泉，栗深林兮惊层巅。

云青青兮欲雨，水澹澹兮生烟。

列缺霹雳，丘峦崩摧。

洞天石扉，訇然中开。

青冥浩荡不见底，日月照耀金银台。

霓为衣兮风为马，云之君兮纷纷而来下。

虎鼓瑟兮鸾回车，仙之人兮列如麻。

......

　　诗人运用自己奇特的想象，完成了一次梦中游天姥山的历程。全诗意境雄浑，画面感十足，极具浪漫主义色彩。特别是诗的末尾，诗人发出"安能摧眉折腰事权贵，使我不得开心颜！"的疾呼，纵然仕途失意，但要我李白屈身事权贵，绝无可能。这，就是李白。求仙也好，求仕也好，交游也好，一人酩酊也好，都绝不改谪仙本色。

　　李白对道教的痴迷，还促使他去考取了一个道士"学位"。他在齐州紫极宫请道士高天师授道箓，正式成为一名道士。他造访仙山，结交仙友，谈诗论道，炼丹炼药，黄鹤、太虚、太清、羽化、炼金，都是李白诗歌中常常出现的词汇。学道的爱好与从政的理想，构成了李白诗歌中两种截然不同的旨趣。

李白与酒

酒入豪肠，七分酿成了月光

余下的三分啸成剑气

绣口一吐就半个盛唐

（余光中《寻李白》）

古代文人的创作总免不了有一些外物激发灵感，而李白的灵感源泉自然就是酒了。杜甫曾说"李白斗酒诗百篇"，他的很多诗都是在醉中写就。

李白嗜酒如命，酒量惊人，常常一喝酒就停不下来。"烹羊宰牛且为乐，会须一饮三百杯。"（《将进酒》）"百年三万六千日，一日须倾三百杯。"（《襄阳歌》）"中宵出饮三百杯，明朝归揖二千石。"（《鬬歌行，上新平长史兄粲》）"两人对酌山花开，一杯一杯复一杯。"（《山中与幽人对酌》）看来李白不饮便罢，一饮便是三百杯起步。

与友人欢聚，是人生中一大乐事，自然要一醉方休。

岑夫子，丹丘生，将进酒，杯莫停。

与君歌一曲，请君为我倾耳听。

钟鼓馔玉不足贵，但愿长醉不愿醒。

古来圣贤皆寂寞，惟有饮者留其名。

陈王昔时宴平乐，斗酒十千恣欢谑。

主人何为言少钱？径须沽取对君酌。

五花马，千金裘，

呼儿将出换美酒，与尔同销万古愁。

（《将进酒》）

欢言得所憩，美酒聊共挥。

长歌吟松风，曲尽河星稀。

我醉君复乐，陶然共忘机。

（《下终南山过斛斯山人宿置酒》）

与故人分别，山高水长，相见无因，只有饮酒，能聊慰相思。

金陵子弟来相送，欲行不行各尽觞。

请君试问东流水，别意与之谁短长。

（《金陵酒肆留别》）

斗酒渭城边，垆头耐醉眠。

梨花千树雪，杨叶万条烟。

惜别添壶酒，临岐赠马鞭。

看君颍上去，新月到家圆。

（《送杨子》）

心中忧愤，无处派遣，只有饮酒，能使我忘却忧愁。人生短暂，更应及时行乐。

青轩桃李能几何？流光欺人忽蹉跎。

君起舞，日西夕。

当年意气不肯平，白发如丝叹何益？

（《前有一樽酒行二首·其一》）

君不见吴中张翰称达生，秋风忽忆江东行。

且乐生前一杯酒，何须身后千载名？

（《行路难三首·其三》）

李白不仅自己要狂饮、酗醉，他还喜好劝人饮酒。要是谁在他的面前不肯饮酒，少不得是一阵奚落。

地白风色寒，雪花大如手。

笑杀陶渊明，不饮杯中酒。

浪抚一张琴，虚栽五株柳。

空负头上巾，吾于尔何有。

（《嘲王历阳不肯饮酒》）

劝君莫拒杯，春风笑人来。

桃李如旧识，倾花向我开。

流莺啼碧树，明月窥金罍。

昨日朱颜子，今日白发催。

棘生石虎殿，鹿走姑苏台。

自古帝王宅，城阙闭黄埃。

君若不饮酒，昔人安在哉。

（《对酒二首·其二》）

　　李白一个人的时候，自斟自饮，邀月共醉；一群人的时候，饮酒论诗，鼓瑟鸣琴。兴之所至，不如饮酒，忧思难忘，何不饮酒？连杜甫都觉得他是"痛饮狂歌空度日"，可见饮酒占据了李白多少时光。

　　"浮生速流电，倏忽变光彩。天地无凋换，容颜有迁改。"（《对酒行》）纵然李白有求仙得道的夙愿，然而事实就是人生百年，岁岁将枯。既然岁月留不住，何不活在当下，及时行乐呢？

　　"三杯通大道，一斗合自然。但得酒中趣，勿为醒者传。"（《月下独酌四首·其二》）对于李白而言，人生穷通自有定数，只有酒中有真趣。此时不醉，欲待何时？

李白与友

　　李白生性喜爱交游，他的朋友遍布天下，既有达官显贵，儒生僧道，也有商贾平民。李白一生正经工作的时间不超过两年，而他个性狂浪，挥金如土。他游遍天下，遍寻名山，除了自己家底雄厚，也有朋友的周济。

说到李白的交游，不得不提的便是他与杜甫的相识相知。天宝三载（744），李白结束了自己短暂的"仕途"，离开长安，漫游到了洛阳。在这里，他结识了杜甫。李白年长杜甫十一岁，三十出头的杜甫初出茅庐，在文坛刚刚崭露头角。此时李白早已经名满天下，但李白并不恃才凌人，他们相交莫逆，英雄惜英雄。

这年秋天，二人相约漫游梁宋，在梁宋之地时，他们还遇到了高适。天宝四载（745）的秋天，他们二人第三次在东鲁相会，他们一同拜访名士，寻仙问道。这年冬天，二人分手，李白漫游江南，此后便再也没有见过面。

虽然相逢短暂，但两人却结下了一生的深情厚谊。在与杜甫小别时，李白写道："秋波落泗水，海色明徂徕。飞蓬各自远，且尽手中杯。"（《鲁郡东石门送杜二甫》）在李白南游江东之时，他旅居沙丘城，又写下《沙丘城下寄杜甫》遥寄相思：

> 我来竟何事，高卧沙丘城。
>
> 城边有古树，日夕连秋声。
>
> 鲁酒不可醉，齐歌空复情。
>
> 思君若汶水，浩荡寄南征。

而杜甫更是一生都惦念着这位知交好友。他曾写下《冬日有怀李白》《春日忆李白》《天末怀李白》等与李白有关的诗。在李白因参与李璘事件被捕入狱时，颠沛流离的杜甫十分挂念李白的安危，他写道："不见李生久，佯狂真可哀。世人皆欲杀，吾意独怜才。"（《不见》）诗中尽是对李白的担忧。"死别已吞声，生别常恻恻。江南瘴疠地，逐客无消息。故人入我梦，明我长相忆。"（《梦李白二首·其一》）情词恳切，哀如挽歌。

作为中国文学史上最伟大的两位诗人，他们同生于一个时代，并且得以相识相知，这种会面是历史性的。"李杜文章在，光焰万丈长。"（唐韩愈《调张籍》）李白、杜甫虽已远去，但唐代诗坛的双子星却将永远地闪耀在文学的星空。

李白比杜甫大十一岁，比孟浩然小十二岁。不同于李白的积极入世，孟浩然一生大部分时间都在隐居山林，是唐朝著名的山水田园诗人。他虽有用世之心，但并没有太当回事，还曾因为与友人饮酒而爽了韩朝宗的约。李白隐居安陆之时，曾专门前往鹿门山拜会这位前辈。李白对孟浩然十分崇敬，他曾写道："吾爱孟夫子，风流天下闻。红颜弃轩冕，白首卧松云。"（《赠孟浩然》）二人同游江夏，游历月余，二人在黄鹤楼饮酒话别，李白赠诗道："故人西辞黄鹤楼，烟花三月下扬州。孤帆远影碧空尽，唯见长江天际流。"（《黄鹤楼送孟浩然之广陵》）

与李白同时期的大诗人还有被称为"七绝圣手"的王昌龄，他比李白大十一岁。据传孟浩然正是因为与王昌龄饮酒导致疽发而死。王昌龄在巴陵遇见李白，二人一见如故。后来李白听闻王昌龄被贬，写下了《闻王昌龄左迁龙标遥有此寄》："杨花落尽子规啼，闻道龙标过五溪。我寄愁心与明月，随君直到夜郎西。"诗中既寄托了自己对王昌龄的思念，也有对王昌龄遭贬谪的同情。

李白一生的交游十分广泛，他的很多诗不是在与朋友喝酒，就是在与朋友把酒送别。在他的诗中，既有贺知章、孟浩然、王昌龄、杜甫这样的名人，也有岑勋、元丹丘、东严子这样的隐士，也不乏一些与他相交不深，萍水相逢的人。他的诗中更有一些底层的劳动人民，有些人甚至连名字都没有。

> 我宿五松下，寂寥无所欢。
>
> 田家秋作苦，邻女夜舂寒。
>
> 跪进雕胡饭，月光明素盘。
>
> 令人惭漂母，三谢不能餐。
>
> （《宿五松山下荀媪家》）

李白一生桀骜不驯，"天子呼来不上船"，但是面对一个为人洗衣的农家妇女给他的一碗饭，他却再三推辞致谢，谦恭不已，足见诗人可贵的品质。

伟大的诗人既得益于伟大的时代和伟大的群体，同时更是由诗人内心丰富的情感世界塑造而成。李白就是这样一个伟大的诗人，他恃才放旷，时时以鲲鹏自比，寻求适合自己遨游的广阔天地；同时他又是一个内心纯挚近乎天真的赤子，他视钱财如粪土，他不肯"摧眉折腰事权贵"，他体恤底层人民的苦难，他始终不灭拳拳爱国之心。正是这份炙热，他才能鲜衣怒马、仗剑天涯；正是这份不驯与洒脱，他才能斗酒百篇，"诗成泣鬼神"。

在政治上，李白始终不得意，一生都未能施展他的才能，实现他的抱负；而在文学上，李白是卓尔不群的存在，是浪漫主义的巅峰。政坛上没有一个孜孜以求的李白不过如是，诗坛上却不能没有李白。

李白诗

白云歌送刘十六归山

楚山秦山皆白云，白云处处长随君。

长随君，君入楚山里，云亦随君渡湘水。

湘水上，女萝衣，白云堪卧君早归。

◇译文

楚山、秦山都是白云环绕之地，白云处处长久地跟随着你。

长久跟随你，你到了楚山之中，白云也跟着你渡过湘水。

湘水之上，有穿着萝衣的神女，那里的白云也可安卧，你还是早点归去吧。

灞陵行送别

送君灞陵亭，灞水流浩浩。

上有无花之古树，下有伤心之春草。

我向秦人问路歧，云是王粲南登之古道^[1]。

古道连绵走西京，紫阙^[2]落日浮云生。

正当今夕断肠处，骊歌愁绝不忍听。

◇注释

[1] 王粲：字仲宣，东汉末年文学家，"建安七子"之一。南登之古道：初平三年（192），董卓部将作乱，王粲离开长安投奔荆州刘表时作《七哀诗》，诗中道："南登灞陵岸，回首望长安。"

[2] 紫阙：皇帝居住的宫殿。

◇译文

在灞陵亭送你离开，灞水浩浩荡荡流向远方。

灞陵亭周围生长着不开花的古树，岸边有萋萋的春草初生，增加了离别的惆怅。

我向当地人问路，他们说这正是王粲南奔时的旧路。

古道连绵直到长安，宫阙上浮云阵阵，遮蔽了落日。

正在惆怅别离的肠断之时，又传来了令人不忍听闻的苍凉骊歌。

巴女词

巴水急如箭，巴船去若飞。

十月三千里，郎行几岁归。

◇译文

巴水飞流如箭，巴船疾行如飞驰。

分别十个月，相隔三千里，郎君啊，你这一去几时归来。

北风行 [1]

烛龙 [2] 栖寒门，光耀犹旦开。

日月照之何不及此？惟有北风号怒天上来。

燕山雪花大如席，片片吹落轩辕台。

幽州思妇十二月，停歌罢笑双蛾摧。

倚门望行人，念君长城苦寒良可哀。

别时提剑救边去，遗此虎文金鞞靫 [3]。

中有一双白羽箭，蜘蛛结网生尘埃。

箭空在，人今战死不复回。

不忍见此物，焚之已成灰。

黄河捧土 [4] 尚可塞，北风雨雪恨难裁。

◇注释

[1] 北风行：乐府“时景曲”调名。

[2] 烛龙：神话传说中的神，人面龙身而无足，张目为昼，闭目为夜。

[3] 鞞靫（bǐng chá）：绘有虎纹图案的箭袋。

[4] 黄河捧土：《后汉书·朱浮传》载："此犹河滨之人，捧土以塞孟津，多见其不知量也。"指力量微薄，不自量力。

◇译文

烛龙栖息在北方极寒之地，睁开眼的光芒亮如白昼。

日月的光辉为什么照不到这个地方？只有北风呼啸着从天上来。

燕山的雪花像席子一样铺天卷地，一片片吹落在轩辕台上。

在十二月，幽州的思妇也停止了歌唱和欢笑，她们愁眉紧锁。

倚着门框望着远行之人，那北方前线寒冷困苦实在令人忧愁。

夫君手提宝剑去往边关，只留下这只虎纹的箭袋。

袋中装有一双白羽箭， 如今已结满蛛网遍布尘埃。

白羽箭还在，人却已经战死沙场不复还。

我不忍心看到此物，便将其焚烧成灰烬。

黄河流水滔滔，捧土尚可阻断，而我的怨恨却如北风中的漫天雪雨，无边无际。

把酒问月

青天有月来几时？我今停杯一问之。

人攀明月不可得，月行却与人相随。

皎如飞镜临丹阙，绿烟[1]灭尽清辉发。

但见宵从海上来，宁知晓向云间没。

白兔捣药[2]秋复春，嫦娥孤栖与谁邻？

今人不见古时月，今月曾经照古人。

古人今人若流水，共看明月皆如此。

惟愿当歌对酒时，月光长照金樽里。

◇注释

[1] 绿烟：遮住月亮的云雾。

[2] 白兔捣药：古代神话传说中，月亮中有白兔捣药。

◇译文

这青天上的明月是几时出现的？今天我放下手中的酒杯来问一问。

人们无法飞到月亮上去，月亮的影踪却一直跟随着人们。

皎月就像明镜高悬在朱红的宫殿上，浓重的云雾散去，月光的清辉散发出来。

只见夜晚的时候月亮从海上来，有谁知道白天它又隐没在云间。

月中白兔一日复一日捣着药，孤零零的嫦娥有谁人和她做伴？

今人见不到古时候的月亮，而今天的月亮却曾经照耀着古人。

古人今人都像滔滔流水一样，但他们看到的月亮却是一样的。

我只愿对酒当歌的时候，月光可以照在我的金杯中。

别东林寺僧

东林送客处，月出白猿啼。

笑别庐山远，何烦过虎溪[1]。

◇注释

[1] 虎溪：溪水名。东晋高僧慧远曾发誓一生足迹不越过虎溪。传说他送客到虎溪而止。

◇译文

在东林寺送别客人，月亮升起的时候听闻了白猿的啼叫。

我们笑着与庐山渐行渐远，把我送过虎溪又有何妨呢。

别内赴征 [1] 三首·选二

其一

王命三征去未还，明朝离别出吴关。

白玉楼高看不见，相思须上望夫山。

◇注释

[1] 内：指妻子宗氏。赴征：指应永王李璘之邀。

◇译文

永王的诏令已发出三回，我明天就要与你分别离开吴关。

白玉楼虽高你恐怕也看不见我，如果想念我就登上望夫山吧。

其二

出门妻子强牵衣，问我西行几日归。

归时倘佩黄金印，莫见苏秦不下机[1]。

◇注释

[1] "归时"二句：《战国策·秦策》载，苏秦游说秦王时，上书十多回都没有成功。他回到家中时，妻子不下机杼，叔嫂不烧饭，父母不和他说话。

◇译文

出门的时候妻子拉着我的衣裳，问我这次西去几时回来。

我回来的时候倘若佩戴着黄金印，你不要学苏秦的妻子不下机杼啊。

悲歌行

悲来乎，悲来乎！

主人有酒且莫斟，听我一曲悲来吟。

悲来不吟还不笑，天下无人知我心。

君有数斗酒，我有三尺琴。

琴鸣酒乐两相得，一杯不啻千钧金。

悲来乎，悲来乎！

天虽长，地虽久，金玉满堂应不守。

富贵百年能几何，死生一度人皆有。

孤猿坐啼坟上月，且须一尽杯中酒。

悲来乎，悲来乎！

凤鸟不至河无图[1]，微子去之箕子奴[2]。

汉帝不忆李将军[3]，楚王放却屈大夫。

悲来乎，悲来乎！

秦客李斯早追悔，虚名拨向身之外。

范子[4]何曾爱五湖，功成名遂身自退。

剑是一夫用，书能知姓名[5]。

惠施^[6]不肯干万乘，卜式^[7]未必穷一经。

还须黑头取方伯^[8]，莫谩^[9]白首为儒生。

◇注释

[1]"凤鸟"句：用河图洛书之典。《论语·子罕》："凤鸟不至，河不出图，吾已矣夫！"

[2]微子：殷纣王的庶兄。箕子：殷纣王的叔父。微子、箕子、比干被称为"殷末三杰"。《论语·微子》："微子去之，箕子为之奴。"

[3]李将军：指李广。

[4]范子：指范蠡。

[5]"剑是"二句：此处用项籍学剑之典故。《史记·项羽本纪》："项籍少时，学书不成，去；学剑，又不成。项梁怒之，籍曰：'书，足以记名姓而已。剑，一人敌，不足学。学万人敌。'"

[6]惠施：战国时期著名思想家和哲学家，庄子的好友。

[7]卜式：西汉时期人，以田富致富，不习文章。汉武帝与匈奴作战时，他以家私捐助朝廷，后被任命为官。

[8]方伯：指地方长官。

[9]谩：通"漫"，徒，空。

悲来了，悲来了！

主人有酒暂且不要斟，先听我唱一曲《悲来吟》。

悲来的时候我不哭也不笑，天下没有人知晓我的心思。

你有这么多好酒，我有一张三尺琴。

弹琴喝酒是两相愉悦之事，饮一杯酒不下于得到千金。

悲来了，悲来了！

天地虽然长久，然而满堂金玉却不可永久。

百年的富贵又能怎样呢？只有死与生，是人人皆有的。

孤猿坐在坟头上向月哀号，还且把杯中酒饮尽。

悲来了，悲来了！

凤鸟不来，河不出图，微子走了，箕子成为奴隶。

汉帝不封李广为侯，楚王将屈原放逐。

悲来了，悲来了！

秦相李斯如果早些追悔，必然将身外之虚名放下。

古人说，剑为一人所用，学书会认识姓名就行了。

惠施不肯接受魏王所让的万乘之国，卜式也从未读完过一本经书。

人还是要年轻的时候当个一方之长，莫要白了头发仍旧是个书生啊。

春思

燕草如碧丝，秦桑低绿枝。

当君怀归日，是妾断肠时。

春风不相识，何事入罗帏？

◇译文

燕地的春草如碧绿的丝带，秦地的桑树枝叶已经低垂。

每当郎君思念家乡的时候，都是我念君肝肠寸断之时。

春风你与我并不相识，为何要飘进我的罗帐激起我的愁思呢？

长相思[1]二首

其一

长相思，在长安。

络纬[2]秋啼金井阑，微霜凄凄簟色寒。

孤灯不明思欲绝，卷帷望月空长叹。

美人如花隔云端。

上有青冥之长天，下有渌水之波澜。

天长路远魂飞苦，梦魂不到关山难。

长相思，摧心肝。

◇注释

[1] 长相思：六朝乐府旧题，属《杂曲歌辞》。

[2] 络纬：一种昆虫，又名"纺织娘"。

日日夜夜的相思，思念的人在长安。

纺织娘在秋夜的井阑边声声鸣叫，夜里的微霜使竹席一片凄寒。

孤灯昏暗不明，思念令人肠断，卷起帘帏望向月亮，空余一声长叹。

如花美眷，相隔如云端。

上面有茫茫渺渺的长天，下面有清水的波澜。

天长路远，千里跋涉太辛苦，关山重重，梦魂也难飞越。

日日夜夜的相思，摧人心肝。

其二

日色欲尽花含烟，月明如素[1]愁不眠。

赵瑟初停凤凰柱，蜀琴欲奏鸳鸯弦。

此曲有意无人传，愿随春风寄燕然。

忆君迢迢隔青天。

昔日横波目，今作流泪泉。

不信妾断肠，归来看取明镜前。

◇注释

[1] 素：白色的绢。

◇译文

天色将晚，花色被雾气笼罩，月光皎洁，我心中惆怅难眠。

刚刚弹罢赵瑟，又来调拨蜀琴。

这饱含情意的曲子无人知晓，但愿春风把我的情意带去燕然山。

忆起郎君与我山水迢迢远远相隔。

旧时水波般的美目，今日却泪如泉涌。

你若不相信我思君断肠，就归来看看明镜中我憔悴的容颜。

长干行^[1]二首·其一

妾发初覆额，折花门前剧。

郎骑竹马来，绕床^[2]弄青梅。

同居长干里，两小无嫌猜。

十四为君妇，羞颜未尝开。

低头向暗壁，千唤不一回。

十五始展眉，愿同尘与灰。

常存抱柱信^[3]，岂上望夫台。

十六君远行，瞿塘滟滪堆。

五月不可触，猿声天上哀。

门前迟行迹，一一生绿苔。

苔深不能扫，落叶秋风早。

八月蝴蝶黄，双飞西园草。

感此伤妾心，坐愁红颜老。

早晚下三巴，预将书报家。

相迎不道远，直至长风沙^[4]。

◇注释

[1] 长干行：乐府旧题，属《杂曲歌辞》，内容多为船家妇女的日常生活。长干，古代金陵城的巷名，在今南京市。

[2] 床：井栏。

[3] 抱柱信：典出《庄子·盗跖篇》，一个叫尾生的人，与女子相约桥下，到了时间女子没来，河水涨潮，尾生不肯离去，抱着柱子最终被水淹死了。

[4] 长风沙：古代地名，在今安徽安庆市东面的江边。

◇译文

我的刘海刚刚盖住额头时，常常在门前玩折花的游戏。

你骑着竹马过来，我们绕着井栏，互掷青梅为戏。

我们都住在长干里，从小便互不猜疑。

十四岁的时候我嫁给你，害羞得不敢抬头。

我低着头面向墙壁，你怎么喊我也不回头。

十五岁的时候我才舒展眉头，发誓与郎君同生共死。

只要你像尾生一样讲信守约，我又怎么会走上望夫台。

十六岁那年你离家远行，经过瞿塘峡那里的滟滪堆。

五月的时候瞿塘峡涨水礁石不可触碰，猿鸣之声传到天上。

我在门前等待着你的行迹，渐渐地地上生满绿绿的青苔。

青苔太厚，拂扫不去，树叶飘落，秋天又早早地到来了。

八月蝴蝶飞来，双双飞到西园的草丛上。

想到这里我十分伤心，因此愁得容颜也枯老了。

如果有一天你离开了三巴，一定先提前写信告诉我。

我不在乎路途遥远，一定去迎接你，哪怕要走到长风沙。

酬崔侍御

严陵不从万乘游，归卧空山钓碧流。

自是客星辞帝坐，元非太白醉扬州。

◇译文

严子陵不愿做汉光武帝的随从，回到富春山，在碧水上垂钓。

我也像严子陵一样，客星辞别了帝王的宫殿，并不是太白星醉卧扬州。

酬岑勋见寻[1]就元丹丘对酒相待，以诗见招

黄鹤东南来，寄书写心曲。

倚松开其缄，忆我肠断续。

不以千里遥，命驾来相招。

中逢元丹丘，登岭宴碧霄。

对酒忽思我，长啸临清飙[2]。

蹇[3]予未相知，茫茫绿云垂。

俄然素书及，解此长渴饥。

策马望山月，途穷造阶墀。

喜兹一会面，若睹琼树枝。

忆君我远来，我欢方速至。

开颜酌美酒，乐极忽成醉。

我情既不浅，君意方亦深。

相知两相得，一顾轻千金。

且向山客笑，与君论素心[4]。

[1] 见寻：寻找我。

[2] 清飙：清风。

[3] 寔：发语词。

[4] 素心：本心。

◇译文

黄鹤从东南飞来，写下此诗寄托自己的真情。

我倚靠在松树旁打开岑君的书信，忆起岑君对我的情真意切。

你不惧路途遥远，驱驰车马千里来寻我。

在嵩山遇到了元丹丘，在嵩山顶上宴饮。

你们二人喝酒时又想起了我，对着清风高歌。

而我不知前路的困阻，茫茫然对着缭绕的云雾。

突然你的书信到来了，一解我饥渴的心田。

我骑上骏马，望向山间的明月，走到路的尽头再攀登台阶。

见到你的面，就像见到琼树枝一样令人欢欣。

怀念友人我从远方赶来，这么快就见到面实在令人开心。

我们大笑着斟酌美酒，欢乐至极，都大醉酩酊。

我的情意不浅，友人的情意更深。

相知的友人欢聚在一起，一面之交甚于千金。

我们对着山人笑逐颜开，向你们说起我的真心。

春夜洛城闻笛

谁家玉笛暗飞声，散入春风满洛城。

此夜曲中闻折柳[1]，何人不起故园情。

◇注释

[1] 折柳：《折杨柳》，汉代横吹曲名。

◇译文

谁家隐隐传来玉笛的曲调，融入春风中，吹满了整个洛阳城。

今夜我听到了《折杨柳》的乐曲，谁人能不生出思念故园之情。

采莲曲

若耶溪傍采莲女，笑隔荷花共人语。

日照新妆水底明，风飘香袂空中举。

岸上谁家游冶郎，三三五五映垂杨。

紫骝[1]嘶入落花去，见此踟蹰空断肠。

◇**注释**

[1]紫骝：毛色枣红的骏马。

◇**译文**

若耶溪边的采莲女子，隔着荷花与人谈笑。

阳光照着她们的新妆，映到清清的水底，风吹着她们的衣袖，脂粉的香气飘在空中。

岸上是谁家出来游玩的公子们，他们三三五五徘徊在柳树的背后。

骏马一声鸣叫踩着落花而去，见到这样的景象不禁令人踟蹰，兀自肠断。

嘲王历阳不肯饮酒

地白风色寒，雪花大如手。

笑杀陶渊明[1]，不饮杯中酒。

浪抚一张琴，虚栽五株柳。

空负头上巾，吾于尔何有。

◇注释

[1] 陶渊明：这里指王历阳。

◇译文

地上一片白茫茫，寒风刺骨，片片雪花像人的手掌那么大。

我笑你这当代的陶渊明，居然不肯喝这杯中酒。

陶渊明若是不饮酒，岂不白白抚了琴，徒栽了五棵柳树。

白白辜负了头上的漉酒巾，你我这样的人生还有什么意思。

重忆一首

欲向江东去，定将谁举杯？

稽山无贺老 [1]，却棹酒船回。

◇注释

[1] 贺老：贺知章。

◇译文

想要到江东去，在那里我必然要和谁举杯共饮呢？

会稽山中已经没有贺老，我只好划着酒船回去了。

渡荆门送别

渡远荆门外，来从楚国游。

山随平野尽，江入大荒[1]流。

月下飞天镜，云生结海楼[2]。

仍怜故乡水，万里送行舟。

◇注释

[1] 大荒：广阔无际的原野。

[2] 海楼：海市蜃楼，这里形容江上云霞之美。

◇译文

乘舟远渡到荆门外，来到了楚地境内纵情漫游。

山岭随着平原的铺展逐渐消失，江水奔流在广阔的原野中。

明月映入江水，如同飞下的天镜，浮云变幻莫测如同海市蜃楼。

我依然爱着这来自故乡的江水，它漂流万里送我乘舟远行。

登太白峰

西上太白峰，夕阳穷登攀。

太白与我语，为我开天关^[1]。

愿乘泠风去，直出浮云间。

举手可近月，前行若无山。

一别武功^[2]去，何时复更还？

◇注释

[1] 天关：星宿名，这里指天宫之门。

[2] 武功：武功山，在今陕西省武功县。

◇译文

从西面攀山而上，直到太阳落山才登上太白峰。

太白金星对我说，要替我打开天宫之门。

我愿乘着和风飞去，直到那飘浮的云层之中。

举手就可碰到月亮，前行已无山峦阻隔。

今日我与武功山分别，何时才能再与它相见？

登锦城 [1] 散花楼

日照锦城头，朝光散花楼。

金窗夹绣户，珠箔悬银钩。

飞梯绿云中，极目散我忧。

暮雨向三峡，春江绕双流 [2]。

今来一登望，如上九天游。

◇注释

[1] 锦城：成都。又名锦官城。

[2] 双流：县名。因县城在郫江、流江之间而得名。

◇译文

太阳照耀着锦官城头，散花楼沐浴在朝霞之中。

华美的门户嵌着金漆的窗棂，弯月斜挂，珠帘高悬。

高梯耸入云层中，极目远眺，使我忧愁散去。

傍晚的细雨落在三峡，春日的江水环绕着双流县。

今天来到这里登高远眺，如同上九天畅游。

登敬亭北二小山，余时送客逢崔侍御，并登此地

送客谢亭北，逢君纵酒还。

屈盘戏白马，大笑上青山。

回鞭指长安，西日落秦关。

帝乡三千里，杳在碧云间。

◇译文

刚刚在谢亭北送别友人，就遇到你喝酒回来。

在蜿蜒盘旋的山路上我们骑着白马嬉戏，一路放声大笑登上了青山。

我们扬鞭指向长安城，太阳已经西落在秦关。

都城长安远在三千里之外，就像在渺渺的碧云之间杳然难寻觅。

东鲁门泛舟二首

其一

日落沙明天倒开，波摇石动水萦回。

轻舟泛月寻溪转，疑是山阴雪后来[1]。

◇注释

[1] 山阴雪后来：山阴，今浙江绍兴。《世说新语·任诞》载，东晋书法家王徽之家住山阴，一夜大雪，他突然想去拜访家住剡溪的好友戴逵（字安道），于是乘船而去。到了戴逵门前，他却不入门而回。别人问他原因，他说："吾本乘兴而行，尽兴而返，何必见戴？"

◇译文

夕阳渐落，沙洲明亮，天空倒映在水中，水波荡漾，石影摇动，流水萦绕回旋。

在月下乘着一叶小舟，沿着溪水兜兜转转，恍惚中觉得自己就是雪后寻访戴安道的王徽之。

其二

水作青龙盘石堤，桃花夹岸鲁门西。

若教月下乘舟去，何啻[1]风流到剡溪。

◇注释

[1] 何啻（chì）：何止。

◇译文

水流似青龙盘绕着石堤，鲁门西边两岸桃花繁盛。

如果在这皓月之下泛舟，这雅趣又何止于王徽之雪夜乘舟去剡溪的浪漫呢。

东鲁见狄博通

去年别我向何处，有人传道游江东。

谓言挂席[1]度沧海，却来应是无长风。

◇注释

[1] 挂席：挂风帆。

◇译文

去年与狄君分别，有人说你是去江东远游了。

还说你挂起风帆要渡东海，而今返回应是没有长风的缘故。

当涂赵炎少府粉图 [1] 山水歌

峨眉高出西极天，罗浮直与南溟连。

名公绎思挥彩笔，驱山走海置眼前。

满堂空翠如可扫，赤城霞气苍梧烟。

洞庭潇湘意渺绵，三江七泽情洄沿。

惊涛汹涌向何处，孤舟一去迷归年。

征帆不动亦不旋，飘如随风落天边。

心摇目断兴难尽，几时可到三山巅？

西峰峥嵘喷流泉，横石蹙水波潺湲 [2]。

东崖合沓蔽轻雾，深林杂树空芊绵 [3]。

此中冥昧失昼夜，隐几寂听无鸣蝉。

长松之下列羽客，对坐不语南昌仙 [4]。

南昌仙人赵夫子 [5]，妙年历落青云士。

讼庭无事罗众宾，杳然如在丹青里。

五色粉图安足珍，真仙可以全吾身。

若待功成拂衣去，武陵桃花笑杀人。

◇注释

[1] 粉图：粉壁上的图画。

[2] 潺湲：水流动的样子。

[3] 芊绵：草木丛生的样子。

[4] 南昌仙：指西汉时人梅福。梅福曾任南昌尉，因王莽专政，他舍妻子而去，后来传说他成了神仙。

[5] 赵夫子：指赵炎。赵炎在南昌做县尉，所以李白将他比作梅福，称他为南昌仙人。

◇译文

画中之山，如峨眉山挺拔于天极，如罗浮山与南海相接。

画家用精巧的构思，挥动他的画笔，将山海驱赶到我的眼前。

满堂的空灵青翠好像可以触摸，赤城的霞光和苍梧山的岚烟也在画中飘浮。

洞庭潇湘的美景意境渺远，我的情思也随着江水川泽回环往复。

这汹涌的波涛将去向何处，孤舟一去不知何日是归期。

船上的风帆静止不动，好像要随风去到天边。

我心旌摇曳，远望天边，兴致难收，何时才能到三座仙山的巅峰？

西面的山峰上泉水奔流，横亘的大石在水中激起层层涟漪。

东面的山崖重重叠叠，被薄雾遮蔽，幽深的林中杂树丛生。

这里幽幽暗暗分不出白天黑夜，倚靠着小桌静听，听不到蝉鸣之声。

高大的松树下坐着修仙的道士，与南昌仙人相对而坐，默然不语。

赵炎夫子也是南昌仙人，他年华正好，为人磊落有高志。

衙署无事，可以接待宾客，杳然如画中仙人一般逍遥。

五色图画又有什么珍奇，还是真山真水可以保全我的身心。

若要等我功成名就才拂衣而去，那武陵源的桃花也要嘲笑我了。

对酒忆贺监^[1]二首·其一

四明有狂客，风流贺季真。

长安一相见，呼我谪仙人。

昔好杯中物，翻为松下尘^[2]。

金龟换酒处，却忆泪沾巾。

◇注释

[1] 贺监：贺知章，字季真，号四明狂客。监，秘书监，官职名。

[2] 松下尘：指死亡。

◇译文

四明狂客贺季真，风流倜傥天下闻。

他在长安一见到我，就称呼我为谪仙人。

从前爱好狂饮美酒，而今身已作尘土。

忆起金龟换酒的往事，不禁使我泪水沾满衣襟。

对酒醉题屈突明府[1]厅

陶令[2]八十日，长歌《归去来》[3]。

故人建昌宰，借问几时回？

风落吴江雪，纷纷入酒杯。

山翁[4]今已醉，舞袖为君开。

◇注释

[1] 屈突明府：屈突，复姓。明府，对县令的敬称。

[2] 陶令：指陶渊明。

[3] 《归去来》：指陶渊明所作《归去来兮辞》。

[4] 山翁：晋代山简，这里借指诗人自己。

◇译文

陶渊明上任县令八十天，就唱着《归去来兮辞》辞官归隐。

我的老朋友建昌县令，试问你又要几时才肯回来呢？

寒风吹着吴江上的雪花，纷纷飘落在我的酒杯中。

山公如今已经酣醉，让我展开广袖为你起舞。

对酒二首

其一

松子^[1]栖金华，安期^[2]入蓬海。

此人古之仙，羽化竟何在。

浮生速流电，倏忽变光彩。

天地无凋换，容颜有迁改。

对酒不肯饮，含情欲谁待。

◇注释

[1] 松子：赤松子，曾在金华山得道，自烧而化。

[2] 安期：传说安期在东海边卖药，已有千年，秦始皇知道后与他交谈三天三夜，惊异于他言旨高远，便赐给他价值数千万的金璧。安期接受后，将财物放在阜乡亭。并留书一封："复数千岁，求我于蓬莱山。"

赤松子栖息在金华山上，安期生居住在东海的蓬莱仙山。

他们都是古时候的仙人，羽化登仙后不知如今是否还安在。

浮生如同奔流闪电，倏忽之间变幻光彩。

天与地依旧与从前一样没有变化，容颜却已垂然老去。

面对着眼前的美酒却不肯畅饮，这满腔的愁绪又向谁诉说呢。

其二

劝君莫拒杯，春风笑人来。

桃李如旧识，倾花向我开。

流莺啼碧树，明月窥金罍[1]。

昨来朱颜子，今日白发催。

棘生石虎殿[2]，鹿走姑苏台[3]。

自古帝王宅，城阙闭黄埃。

君若不饮酒，昔人安在哉。

◇注释

[1] 金罍（léi）：用黄金装饰的酒器。

[2] 棘生石虎殿：石虎殿，后赵石虎建造的宫殿。石虎，字季龙。《晋书·佛图澄传》："季龙大享群臣于太武前殿，澄吟曰：'殿乎，殿乎！棘子成林，将

坏人衣。'季龙令发殿石下视之,有棘生焉。"

[3] 鹿走姑苏台:《汉书·伍被传》:"臣今见麋鹿游姑苏之台也。"比喻国家败亡。

◇译文

劝你不要拒绝这杯酒,否则连春风都要嘲笑你了。

桃李就像我的旧相识,它们竞相为我开放。

流莺在绿树上啼叫,明月窥看着我的金樽。

昨天还是红颜少年,如今已经白发丛生。

石虎殿前长满荆棘,麋鹿游走在姑苏台上。

自古以来的帝王宫阙,都已经被尘埃湮没。

旧时之人如今早就不在了,你又何必不肯饮酒。

待酒不至

玉壶系青丝，沽酒来何迟？

山花向我笑，正好衔杯时。

晚酌东窗下，流莺复在兹。

春风与醉客，今日乃相宜。

◇译文

玉壶上系着青丝带，打酒的人怎么还不来？

山花对我笑得烂漫，正好是我举杯畅饮之时。

晚上我在东窗下小酌，流莺也在窗边啼叫。

醉人的春风与醉酒的我，真是两相欢畅啊。

独坐敬亭山

众鸟高飞尽，孤云独去闲。

相看两不厌，只有敬亭山。

◇译文

天空中的鸟儿都已经无影无踪，只有一片孤云悠闲地飘浮在天空中。

你看看我，我看看你，互相不感到厌烦的，只有我和敬亭山。

丁都护歌 [1]

云阳上征去，两岸饶商贾。

吴牛喘月时，拖船一何苦。

水浊不可饮，壶浆半成土。

一唱都护歌，心摧泪如雨。

万人系 [2] 盘石，无由达江浒。

君看石芒砀 [3]，掩泪悲千古。

◇注释

[1] 丁都护歌：乐府旧题，属《清商曲辞·吴声歌曲》。相传刘宋高祖刘裕的女婿徐逵之被鲁轨所杀，直都护丁旿奉旨料理丧事。徐妻每问丁旿殓送情况，都哀叹一声："丁都护！"声音哀切。于是后人根据此声作曲。李白借用此曲调写成这首诗。

[2] 系：一作"凿"。

[3] 芒砀：芒山和砀山。这里指石块堆积如山。

◇译文

自云阳逆水上行，两岸有很多经商的店铺。

吴地的牛看见月亮吓得气喘吁吁，船夫们拖船是多么辛苦！

河水浑浊不能入口，一壶河水有一半都是泥沙。

一唱起《丁都护》这首歌，心中悲伤，泪落如雨。

已耗费千万人力来拖运石头的大船，然而路途漫漫不能到达江岸。

你看这石头堆积如山，给人民带来的苦难，千百年后都让人为之悲泣！

短歌行 [1]

白日何短短，百年苦易满。

苍穹浩茫茫，万劫太极长 [2]。

麻姑 [3] 垂两鬓，一半已成霜。

天公见玉女，大笑亿千场 [4]。

吾欲揽六龙，回车挂扶桑。

北斗酌美酒，劝龙各一觞。

富贵非所愿，为人驻颜光 [5]。

◇注释

[1] 短歌行：乐府曲名。

[2] 劫："劫波"的简称，佛教用语，意为极久远的时间。太极：中国古代哲学家认为万物起源是太极。《易·系辞》："易有太极，是生两仪，两仪生四象，四象生八卦。"

[3] 麻姑：神话中仙女名。

[4] 大笑亿千场：《神异志·东荒经》载，东王公和玉女常玩投壶游戏，每次

投一千两百支，投不中的，天就为之大笑。

[5] 颜光：一作"流光"，流逝的日光。

◇译文

人生是多么短暂，百年光阴很快就过去了。

宇宙是那么浩荡，千年万代无穷无极。

仙女麻姑垂下两鬓的头发，有一半已经如霜雪那样斑白。

天公见到了玉女，又开怀大笑了亿千回。

我想驾着六龙马车，掉转车头挂在扶桑树上。

用北斗盛美酒，我劝神龙各饮一杯。

富贵不是我的愿望，只愿为人们留住光阴。

答湖州迦叶司马问白是何人

青莲居士谪仙人[1]，酒肆藏名三十春。

湖州司马何须问，金粟如来[2]是后身。

◇注释

[1]青莲居士：李白，号青莲居士。谪仙人：李白初到长安，贺知章惊叹其才华，称其为"谪仙人"。

[2]金粟如来：佛教中的维摩诘大士。

◇译文

青莲居士是天上的谪仙人，在酒肆中隐姓埋名三十多年。

湖州司马你又何必问呢，我日后将成为金粟如来。

独漉篇 [1]

独漉水中泥，水浊不见月。

不见月尚可，水深行人没 [2]。

越鸟从南来，胡雁亦北渡。

我欲弯弓向天射，惜其中道失归路。

落叶别树，飘零随风。

客无所托，悲与此同。

罗帏舒卷，似有人开。

明月直入，无心可猜。

雄剑挂壁，时时龙鸣。

不断犀象，绣涩苔生。

国耻 [3] 未雪，何由成名。

神鹰梦泽 [4]，不顾鸱鸢 [5]。

为君一击，鹏抟九天。

[1] 独漉篇：李白借用乐府旧题创作的古诗，乐府诗原为四言，李白改四言为杂言。

[2] "独漉"四句：化用古辞《独漉篇》，"独漉独漉，水深泥浊。泥浊尚可，水深杀我。"独漉，地名。

[3] 国耻：指安禄山叛乱一事。

[4] 神鹰梦泽：相传楚文王好猎，有人献上一只老鹰，楚文王见其殊异，便带其在云梦之地围猎。

[5] 鸱（chī）鸢：凡鸟。

◇译文

独漉水深泥浊，浑浊得看不见月亮的倒影。

看不见月亮倒没什么，水太深却会淹没行人。

越鸟从南边飞来，胡雁也向北飞回。

我打算弯弓朝天而射，却可怜它们在中途迷失了归路。

落叶与树作别，随风四处飘零。

身在他乡为客，无所寄托，悲情与落叶相通。

罗帏展开，似乎有人进来。

明月照进室内，我的诚心无可疑猜。

宝剑挂在墙上，不时地发出龙吟之声。

如今已不能再斩断犀角象牙，宝剑锈迹斑斑生出青苔。

国耻未雪，还谈得上什么功名。

神鹰在梦泽打猎，它对凡鸟不屑一顾。

它生来的使命是为君搏击鹏鸟，直飞九天。

峨眉山月歌

峨眉山月半轮秋，影入平羌江水流。

夜发清溪向三峡，思君不见下渝州。

◇译文

峨眉山上悬挂着半轮秋月，月影倒映在缓缓流动的平羌江上。

夜间乘船从清溪出发向三峡，想念你却不能相见，船儿已经过了渝州。

关山月 [1]

明月出天山，苍茫云海间。

长风几万里，吹度玉门关。

汉下白登道，胡[2]窥青海湾。

由来征战地，不见有人还。

戍客望边色，思归多苦颜。

高楼当此夜，叹息未应闲。

◇注释

[1] 关山月：乐府调名。

[2] 胡：指吐蕃。

◇译文

明月从天山上升起，出没在苍茫的云海之中。

长风浩浩荡荡行了几万里，吹到了玉门关。

当年汉兵被困白登山，胡人时刻窥视着青海湾。

自古征战之地，战士有几人能够生还。

戍边将士们望着边城的景色，对家乡的思念让他们满面忧伤。

而站在高楼远望的思妇们，她们的叹息也应该从未停歇。

古风五十九首·其十九

西上莲花山^[1]，迢迢见明星^[2]。

素手把芙蓉，虚步蹑太清。

霓裳曳广带，飘拂升天行。

邀我登云台，高揖卫叔卿^[3]。

恍恍与之去，驾鸿凌紫冥^[4]。

俯视洛阳川，茫茫走胡兵。

流血涂野草，豺狼尽冠缨。

◇注释

[1] 西上莲花山：西上，一作"西岳"。莲花山，华山最高峰莲花峰。

[2] 明星：传说中的华山仙女。

[3] 卫叔卿：传说中的仙人。

[4] 紫冥：紫色的天空。

◇译文

登上西岳华山的莲花峰，远远地望见了仙女的身影。

她们洁白的手持着芙蓉花，迈着轻盈的步子在天空游走。

她们穿着云霓一般的华裳，飘着长长的衣带，悠然行走在空中。

众仙邀我上云台峰，我向卫叔卿长揖致敬。

恍惚之间，我和卫叔卿一起离开云台，乘着大鸟在紫色的天空中遨游。

低头俯瞰洛阳川中，胡兵在到处奔走。

鲜血染红了野草，而吃人的豺狼们都戴着官帽。

古朗月行 [1]

小时不识月，呼作白玉盘。

又疑瑶台镜，飞在青云端。

仙人 [2] 垂两足，桂树何团团。

白兔捣药成，问言与谁餐。

蟾蜍蚀圆影，大明夜已残。

羿昔落九乌 [3]，天人清且安。

阴精 [4] 此沦惑，去去不足观。

忧来其如何，凄怆摧心肝。

◇注释

[1] 朗月行：乐府旧题，属《杂曲歌辞》。

[2] 仙人：传说中驾月的车夫，名"望舒"，一名"纤阿"。

[3] 羿：后羿。乌：太阳。

[4] 阴精：指月亮。

◇译文

小时候不认识月亮，把它叫作白玉盘。

又疑惑它是瑶台里的一面镜子，飞上了青云间。

月中的仙人垂着两只脚，茂盛的桂树长得一团团。

白兔捣好了药，问谁要吃。

蟾蜍在啃食月亮，使月儿渐渐残缺。

后羿曾经射落九个太阳，天上人间才因此清净安宁。

现在月亮已经渐渐隐没了，没有什么可看的，不如远远走开吧。

但是心中又为此忧虑不已，凄怆的情绪摧人心肝啊。

古有所思[1]

我思仙人乃在碧海之东隅。

海寒多天风，白波连山倒蓬壶[2]。

长鲸喷涌不可涉，抚心茫茫泪如珠。

西来青鸟[3]东飞去，愿寄一书谢麻姑。

◇注释

　[1] 有所思：乐府旧题。

　[2] 蓬壶：指东海仙山蓬莱、方壶。

　[3] 青鸟：神话传说中为西王母报信的使者。

◇译文

我所思的仙人，乃在碧海的东边。

那里寒冷多大风，白浪滔天可以推倒蓬莱和方壶。

长鲸喷出巨浪，阻隔前路，我只有抚着心口茫茫然泪落如珠。

西边来的青鸟向东边飞去，希望它能为我带一封书信问候麻姑仙女。

估客行 [1]

海客乘天风，将船远行役。

譬如云中鸟，一去无踪迹。

◇注释

[1] 估客行：一作"估客乐"，乐府曲名。估客，贩运货物的行商。

◇译文

渡海的人乘风驾船，到远处去经商。

他们就像云中的鸟儿一样，一去无踪影。

广陵赠别

玉瓶沽美酒，数里送君还。

系马垂杨下，衔杯大道间。

天边看渌水，海上见青山。

兴罢各分袂^[1]，何须醉别颜。

◇注释

[1] 分袂：离别。袂，衣袖。

◇译文

拿着玉瓶买来美酒，送君数里路我将要返回。

把马匹系在垂柳树下，衔着酒杯在大道上饮酒。

天边回看清澈的渌水，海上遥见隐隐的青山。

酒兴过后就挥袖作别，何必看到醉后惜别的容颜。

将进酒 [1]

君不见，黄河之水天上来，奔流到海不复回。

君不见，高堂明镜悲白发，朝如青丝暮成雪。

人生得意须尽欢，莫使金樽空对月。

天生我材必有用，千金散尽还复来。

烹羊宰牛且为乐，会须 [2] 一饮三百杯。

岑夫子，丹丘生 [3]，将进酒，杯莫停。

与君歌一曲，请君为我倾耳听。

钟鼓馔玉不足贵，但愿长醉不愿醒。

古来圣贤皆寂寞，惟有饮者留其名。

陈王 [4] 昔时宴平乐，斗酒十千恣欢谑 [5]。

主人何为言少钱？径须沽取对君酌。

五花马，千金裘，

呼儿将出换美酒，与尔同销万古愁。

◇注释

[1] 将进酒：汉乐府旧题。将（qiāng），请。

[2] 会须：应当。

[3] 岑夫子，丹丘生：指岑勋和元丹丘，二人都是李白的好友。

[4] 陈王：曹植。封地在陈，世称陈王或陈思王。

[5] 谑（xuè）：玩笑。

◇译文

你难道没有看见，黄河之水如同从天上倾泻而来，一路奔流直到大海永不再回来。

你难道没有看见，高堂之上照镜自视，为满头白发悲叹，晨间满头青丝，入暮已成霜雪。

人生得意之时就要纵情欢乐，莫让金杯空对着月亮。

上天造就我，必然有我的用处，千金即使散尽，也有复得之时。

烹羊宰牛只为眼前的欢乐，应当豪饮三百杯。

岑夫子，元丹丘，你们快点喝酒，不要停下手中的酒杯。

我与你们歌一曲，请你们侧耳倾听。

钟鼓美食之乐在我看来不足为贵，我只愿长醉梦中，不要醒来。

古往今来圣贤之人皆不免寂寞，只有好饮之人才能留下美名。

陈王曹植当年在平乐设宴，畅饮名酒，纵情欢乐。

宴请的主人啊，为什么说钱不够了呢？直管去买酒来喝。

五花良马，千金皮裘，都让孩儿们拿去换美酒，我同你们将万古悲愁一同饮尽！

金陵酒肆留别

风吹柳花满店香，吴姬压酒[1]唤客尝。

金陵子弟来相送，欲行不行[2]各尽觞。

请君试问东流水，别意与之谁短长。

◇**注释**

[1] 压酒：用新酒待客。古时新酒酿熟，到饮酒时才压糟取用。

[2] 欲行不行：要走的人和送行的人。

◇**译文**

春风吹着柳絮，满店飘香，侍女捧上美酒请客人品尝。

金陵的朋友纷纷来相送，主客频频举杯畅饮。

请你问问这东流的江水，我们离别的情意与它相比谁短谁长呢。

金乡送韦八之西京 [1]

客自长安来，还归长安去。

狂风吹我心，西挂咸阳树。

此情不可道，此别何时遇。

望望不见君，连山起烟雾。

◇注释

[1] 之西京：去长安。之，去、到。西京，与下文的咸阳都指长安。

◇译文

韦八从长安来，现在又要回到长安去了。

我的心似乎被狂风吹走，最终挂在了长安的树上。

这种情谊不可言说，这一别又何时相聚。

望着望着就不见你的身影，只看见连绵的山上生起了烟雾。

金陵听韩侍御吹笛

韩公吹玉笛，倜傥流英音。

风吹绕钟山，万壑皆龙吟。

王子[1]停凤管，师襄[2]掩瑶琴。

余响渡江去，天涯安可寻。

◇注释

[1] 王子：指仙人王子乔。《列仙传》："王子乔者，周灵王太子晋也。好吹笙，作凤凰鸣。"

[2] 师襄：春秋时乐官，孔子曾向他学琴。

◇译文

韩公吹起了玉笛，风流倜傥，笛声悠扬，流淌出美妙的音乐。

有风吹过钟山，山谷中尽是龙吟之声。

王子乔也停下了手中的凤管，师襄盖住了他的瑶琴。

笛声的余韵渡过江水，散入广袤的天地中，又哪里可以寻觅呢。

江夏别宋之悌 [1]

楚水清若空，遥将碧海 [2] 通。

人分千里外，兴在一杯中。

谷鸟吟晴日，江猿啸晚风。

平生不下泪，于此泣无穷。

◇注释

[1] 宋之悌：初唐著名诗人宋之问的弟弟。

[2] 碧海：指宋之悌的贬所朱鸢（今属越南）。

◇译文

楚水清澈见底，似有若无，遥遥与远处大海相接。

你我即将分隔千里，我们的离情都赋予这一杯酒中。

山间的鸟儿天晴时不停地鸣叫，江岸的猿猴向着晚风哀号。

我这一生中都没有掉过眼泪，却在此时此地泪落不止。

江南春怀

青春几何时，黄鸟鸣不歇。

天涯失乡路，江外老华发。

心飞秦塞云，影滞楚关月。

身世殊烂漫，田园久芜没。

岁晏[1]何所从，长歌谢[2]金阙。

◇注释

[1] 岁晏：老年，晚年。

[2] 谢：告辞，离去。

◇译文

春天又能持续多久，黄鸟不停地啼鸣。

身处天涯，忘记了回乡之路，在江湖游荡，白了头发。

我的心早就飞往秦塞的云中，而身影却滞留在楚关的月下。

我这一生已经非常烂漫，田园也早就荒芜了。

现在我已至暮年，只愿放歌辞别朝廷。

江上寄巴东故人

汉水波浪远，巫山云雨飞。

东风吹客梦，西落此中时。

觉后思白帝，佳人与我违。

瞿塘饶贾客，音信莫令稀。

◇译文

汉水的波涛渐行渐远，巫山的云雨朝暮翻飞。

东风吹起羁旅之人的梦，向西落入我的心扉。

醒来后我还想着白帝城，故人与我遥遥相隔。

瞿塘峡的客商熙熙攘攘，但愿我能常常得到你的消息。

久别离

别来几春未还家，玉窗五见樱桃花。

况有锦字书[1]，开缄[2]使人嗟。

至此肠断彼心绝[3]，云鬟绿鬓罢梳结[4]，愁如回飙乱白雪。

去年寄书报阳台[5]，今年寄书重相催。

东风兮东风[6]，为我吹行云使西来。

待来竟不来，落花寂寂委青苔。

◇**注释**

[1] 锦字书：《晋书·窦滔妻苏氏传》载，十六国时，秦州刺史窦滔被徙流沙，他的妻子苏蕙织锦作璇玑回文诗寄赠，全诗共八百四十一字，纵横反复皆可成诗。

[2] 缄：信封。

[3] 至此肠断彼心绝：一本作"此肠断，彼心绝"。

[4] 梳结：一本作"揽结"。

[5] 阳台：宋玉《高唐赋》："妾在巫山之阳，高丘之阻，旦为朝云，暮为行雨。朝朝暮暮，阳台之下。"

[6] 东风兮东风：一本作"胡为乎东风"。

◇译文

郎君一别，已经几年不曾回家，玉窗外的樱桃花已经开过五回了。

虽然有书信寄来，可是打开却没有你回来的消息，令人哀叹。

我肝肠寸断，悲痛欲绝，头发也懒得梳，愁绪就像风吹乱白雪一样纷纷扬扬。

去年寄信时就说快要回来，今年寄信又再次催问。

东风啊东风，你替我将远行的人儿捎回来。

等也等不来，那片片落花只能没入厚厚的青苔。

九日

今日云景好，水绿秋山明。

携壶酌流霞[1]，搴菊泛寒荣。

地远松石古，风扬弦管清，

窥觞照欢颜，独笑还自倾。

落帽醉山月，空歌怀友生。

◇**注释**

[1] 流霞：指美酒。

◇**译文**

今日风景很好，碧波荡漾，秋山越显分明。

我拿着酒壶，喝着美酒，采摘一朵菊花欣赏它凌霜不凋的品性。

地势偏远，山上的松树与石头都很苍老，清风吹拂，管弦之音愈加清亮，

看着杯中酒映出我的欢颜，我独自大笑自斟自饮。

秋风吹落了我的帽子，我醉倒在山月下，唱着歌儿怀念我的友人。

焦山望寥山[1]

石壁望松寥，宛然在碧霄。

安得五彩虹，驾天作长桥。

仙人如爱我，举手来相招。

◇注释

[1] 焦山：东汉末年焦先隐居在此，故名焦山，在今江苏镇江东北的江中。旁边有寥山，又名松寥。

◇译文

站在焦山的石壁上望向松寥山，松寥山就像在九天之上一般。

如何才能把五彩虹架作长桥，使我凌空登天。

仙人们如果怜爱我，就请对我招招手吧。

见野草中有曰白头翁 [1] 者

醉入田家去，行歌荒野中。

如何青草里，亦有白头翁？

折取对明镜，宛将衰鬓同。

微芳似相诮，留恨向东风。

◇注释

[1] 白头翁：植物名。形如白头老翁，因此得名。

◇译文

我在醉中向农家走去，在荒山野道上一路高歌。

却看到这青青的草丛中，也有白头翁。

我折下一枝对镜自视，它与我衰败的头发如此相似。

那微微的芳香似乎也在讥笑我，我只有把遗恨都付与东风。

客中行

兰陵[1]美酒郁金香，玉碗盛来琥珀光。

但使主人能醉客，不知何处是他乡。

◇**注释**

[1] 兰陵：地名。在今山东枣庄一带，盛产美酒。

◇**译文**

兰陵的美酒散发着郁金香的香气，盛在玉碗中发出琥珀的光泽。

只要主人能让我这他乡之客醉倒，他乡和故乡于我又有何分别。

哭晁卿衡[1]

日本晁卿辞帝都，征帆一片绕蓬壶。

明月不归沉碧海，白云愁色满苍梧。

◇注释

[1] 晁卿衡：晁衡，日本人，原名阿倍仲麻吕。开元五年（717），晁衡随遣唐使团来中国学习，学成后在唐朝做官，与李白、王维等是好友。天宝十二年（753），晁衡回日本探亲时在海上遇到风浪，时人传其遇难。李白遂作此诗哀悼。晁衡大难不死，后来回到长安。

◇译文

来自日本的好友晁衡离开了长安，乘船航行在茫茫东海上。

然而他像明月一样沉入了大海一去不返，我思君的愁情如同白云笼罩着苍梧山。

哭宣城善酿纪叟[1]

纪叟黄泉里，还应酿老春[2]。

夜台[3]无李白，沽酒与何人？

◇注释

[1] 纪叟：姓纪的老头。纪叟是当时宣城有名的酿酒人。

[2] 老春：酒名。

[3] 夜台：坟墓，亦指阴间。

◇译文

纪老头你已经到了黄泉之下，还会继续酿造老春酒吧。

在阴间没有我李白，你把酒都卖给谁了呢？

庐山谣寄卢侍御虚舟 [1]

我本楚狂人 [2]，凤歌笑孔丘 [3]。

手持绿玉杖，朝别黄鹤楼。

五岳寻仙不辞远，一生好入名山游。

庐山秀出南斗旁，屏风九叠云锦张，影落明湖 [4] 青黛光。

金阙前开二峰 [5] 长，银河倒挂三石梁。

香炉瀑布遥相望，回崖沓嶂凌苍苍。

翠影红霞映朝日，鸟飞不到吴天 [6] 长。

登高壮观天地间，大江茫茫去不还。

黄云万里动风色，白波九道 [7] 流雪山。

好为庐山谣，兴因庐山发。

闲窥石镜 [8] 清我心，谢公行处苍苔没。

早服还丹无世情，琴心三叠 [9] 道初成。

遥见仙人彩云里，手把芙蓉朝玉京 [10]。

先期汗漫九垓上 [11]，愿接卢敖 [12] 游太清。

[1] 卢侍御虚舟：卢虚舟，唐肃宗时任殿中侍御史，曾与李白同游庐山。

[2] 楚狂人：春秋时楚国隐士陆接舆。

[3] 凤歌笑孔丘：《论语·微子》载，孔子曾去楚国游说楚王，陆接舆路过他的车马时唱道："凤兮凤兮，何德之衰？往者不可谏，来者犹可追！已而！已而！今之从政者殆而！"嘲笑孔子沉迷于宦途。

[4] 明湖：鄱阳湖。

[5] 二峰：香炉峰和双剑峰。

[6] 吴天：三国时庐山属于吴地，故称吴天。

[7] 九道：古时常说长江流到浔阳时分为九道。

[8] 石镜：庐山石镜岭上有圆石，平滑如镜，可照人影。

[9] 琴心三叠：道家术语，一种心神和悦的修炼境界。

[10] 玉京：道家称元始天尊所居之处。

[11] 汗漫：仙人名。九垓：九天。

[12] 卢敖：战国时燕国人。《淮南子·道应训》载，卢敖游北海时遇到一怪仙，卢敖邀他同游，怪仙道："吾与汗漫期于九垓之外，吾不可以久住。"之后便纵身跃入云中。

◇译文

我本像楚国的狂人接舆，高唱着讽刺孔丘的歌谣。

手中拿着绿玉杖，清晨辞别黄鹤楼。

去五岳寻仙访友不辞路途遥远，这一生就是爱好游览名山大川。

秀美的庐山挺拔在南斗旁，山岭重叠有如云霞铺陈，山的倒影在湖中泛着青光。

金阙岩前，双峰高耸入云端，三石梁瀑布如银河倒挂。

香炉峰瀑布与它遥遥相望，重重山崖，莽莽苍苍。

翠影红霞与朝日相互辉映，鸟儿也飞不过广阔的吴地。

登高远望天地间的壮观景象，长江水悠悠向东流，一去不还。

天上黄云万里，改变了风的颜色，江流奔涌，白浪如同雪山。

我爱为庐山歌唱，我的兴致因庐山而发。

闲时观看石镜，令我心神清净，谢灵运足迹所到之处，都已布满青苔。

我要早点服下还丹，摆脱俗世羁绊，做到琴心三叠的道法初成。

远远望见仙人在彩云之中，手中拿着芙蓉花朝拜玉京。

预先约好与汗漫在九天之外相会，希望与卢敖一起遨游宇宙。

临路歌 [1]

大鹏飞兮振八裔 [2]，中天摧兮力不济。

余风 [3] 激兮万世，游扶桑 [4] 兮挂左袂。

后人得之传此，仲尼亡兮谁为出涕 [5]？

◇注释

[1] 临路歌：路，应为"终"之误。此诗作于唐代宗宝应元年（762），即李白去世那一年。唐代李华在《故翰林学士李君墓铭序》中有："年六十有二不偶，赋临终歌而卒。"

[2] 八裔：八方荒原之地。

[3] 余风：遗风。

[4] 扶桑：古代传说中的神树，生长在太阳升起的地方。

[5] "仲尼"句：这里用孔子泣麟的典故。《公羊传·哀公十四年》载，鲁国捕获一只麒麟，孔子认为麒麟出非其时，而被捕获，遂为之哭泣。

◇译文

　　大鹏振翅，飞跃六合八方，不料在半空中摧折翅膀，力量不济。

　　但是它的遗风必将激励万世，东游扶桑，树枝挂住了我的左袖。

　　后人得到消息而相传，然而仲尼已逝，还有谁会像他一样为大鹏折翅哭泣呢？

鲁郡东石门送杜二甫 [1]

醉别复几日，登临遍池台。

何言石门路，重有金樽开。

秋波落泗水，海色明徂徕。

飞蓬各自远，且尽手中杯。

◇注释

[1] 杜二甫：杜甫，在族中排行第二，故有此称谓。天宝四年（745），李白
与杜甫二人在鲁郡东石门相会，随后分别，李白写下赠别诗。

◇译文

此次醉饮话别，你我还能共饮几日，我们已经将亭台池阁都游遍了。

何时才能在石门再聚，共举金樽，开怀畅饮。

秋日的泗水光波流转，晨光使徂徕山依稀可见。

你我就像飞蓬一样各自远去，姑且将杯中酒饮尽吧。

劳劳亭 [1]

天下伤心处，劳劳送客亭。

春风知别苦，不遣柳条青。

◇注释

[1] 劳劳亭：又名新亭，在今江苏南京市，三国时建。送别之人常在此驻足，劳劳亭便成了离别感伤的代名词。劳劳，因别离而伤悲的样子。

◇译文

天底下最令人伤心的地方，莫过于这送别的劳劳亭。

春风也知道离别之苦，所以才不让柳条儿变青。

洛阳陌^[1]

白玉谁家郎，回车渡天津^[2]。

看花东陌上，惊动洛阳人。

◇注释

[1] 洛阳陌：又名《洛阳道》，古乐曲名。

[2] 天津：洛阳桥名。

◇译文

那个面如白玉的是谁家少年郎，他已经掉转马车走过了天津桥。

他在城东的大道上看花，却惊动了洛阳城的人都来看他。

览镜书怀

得道无古今，失道还衰老。

自笑镜中人，白发如霜草。

扪心空叹息，问影何枯槁。

桃李竟何言，终成南山皓^[1]。

◇注释

　　[1]南山皓：指商山四皓，秦末汉初时，有东园公唐秉、夏黄公崔广、绮里季吴实、甪（lù）里先生周术隐居于商山。四人年龄皆八十多岁，须发皆白。

◇译文

　　得道之人容颜没有古今之别，失道之人就会容颜衰老。

　　我对镜嘲笑镜中之人，如今白发就像霜草一般。

　　抚胸长叹，问镜中人为何已衰老至此。

　　桃李终究是默默无言，我已成为南山老人了。

梦游天姥[1]吟留别

海客谈瀛洲[2]，烟涛微茫信难求。

越人语天姥，云霞明灭或可睹。

天姥连天向天横，势拔五岳掩赤城[3]。

天台[4]四万八千丈，对此欲倒东南倾。

我欲因之梦吴越，一夜飞渡镜湖[5]月。

湖月照我影，送我至剡溪[6]。

谢公[7]宿处今尚在，绿水荡漾清猿啼。

脚著谢公屐，身登青云梯。

半壁见海日，空中闻天鸡[8]。

千岩万转路不定，迷花倚石忽已暝[9]。

熊咆龙吟殷岩泉[10]，栗深林兮惊层巅。

云青青兮欲雨，水澹澹兮生烟。

列缺霹雳，丘峦崩摧。

洞天石扉，訇然中开。

青冥浩荡不见底，日月照耀金银台。

霓为衣兮风为马，云之君[11]兮纷纷而来下。

虎鼓瑟兮鸾回车，仙之人兮列如麻。

忽魂悸以魄动，恍惊起而长嗟。

惟觉时之枕席，失向来之烟霞。

世间行乐亦如此，古来万事东流水。

别君去兮何时还？

且放白鹿青崖间，须行即骑访名山。

安能摧眉折腰事权贵，使我不得开心颜！

◇注释

[1] 天姥（mǔ）：天姥山，在浙江新昌东面。

[2] 海客：航海的人。瀛洲：古代传说中的东海三座仙山之一，另外两座是蓬莱、方丈。

[3] 五岳：指东岳泰山，西岳华山，南岳衡山，北岳恒山，中岳嵩山。赤城：山名，在今浙江天台北部。

[4] 天台（tāi）：天台山，在今浙江天台北部。

[5] 镜湖：鉴湖，在浙江绍兴。

[6] 剡溪：水名，在浙江嵊州南面。

[7] 谢公：谢灵运，南朝诗人。

[8] 天鸡：古代传说中，东南桃都山上有一棵树，树上有一只天鸡，太阳照到这棵树上的时候天鸡开始鸣叫，天下的鸡都跟着它鸣叫。

[9] 暝：天黑，夜晚。

[10] 殷（yǐn）岩泉：岩中的泉水在震响。殷，用作动词，震响。

[11] 云之君：云中的神仙。

◇译文

渡海的人们谈起瀛洲，都说那里烟波浩荡，难以找到。

吴越之地的人们说起天姥山，都说在云霞或明或灭之时隐隐约约可以看见。

天姥山高耸入云天，遮天蔽日，山势高过五岳，遮掩赤城。

天台山高四万八千丈，就好像拜倒在天姥山东南面一样。

我想根据越人说的话梦游到吴越之地，一夜之间就从明月映照着的镜湖上飞渡过去。

镜湖上的月光照着我的影子，一直送我到剡溪边。

谢公的住处如今还在，清澈的湖水荡漾，猿鸣声声。

我脚上穿着谢公当年特制的木屐，攀登那直上云霄的山路。

到了半山腰就看见太阳从海上升起，空中传来天鸡的报晓之声。

山路曲折往复不知路在何方，迷恋着花，倚靠着山石，不觉中天色已晚。

熊在咆哮，龙在长鸣，岩中的泉水在震响，使幽深的森林战栗，使高高的云层之巅震惊。

云黑沉沉的似乎要下雨，水波摇动升起了薄薄的烟雾。

闪电从云中决裂而出，山峦似乎要崩塌。

仙人洞府的石门，轰然从中间裂开。

洞中的蓝天浩荡望不见底，日月的光辉照耀着神仙居住的金银台。

将彩虹做衣裳，把风当作马，云中的神仙纷纷下到凡尘。

老虎鼓着瑟，鸾鸟驾着车，排列的仙人们密密麻麻。

忽然间魂魄悸动，恍然惊醒后不禁长叹。

醒来之时身边只有枕席，梦中的烟霞云光全部都消失了。

人世间的欢乐也就是这样，自古以来万事就如东流的江水一样不复回。

此刻与君作别何时再回来？

暂且把白鹿放在青崖间，等到要走的时候就骑上它去寻访名山。

怎么可以低眉弯腰去侍奉权贵，使我不能开心呢？

南流夜郎寄内

夜郎天外怨离居，明月楼中音信疏。

北雁春归看欲尽，南来不得豫章书。

◇译文

流放在夜郎的我因为与你分别而怨恨，明月楼中的你音信稀疏。

春来大雁们都已经北归了，而我却收不到来自豫章的书信。

南陵别儿童入京

白酒新熟山中归，黄鸡啄黍秋正肥。

呼童烹鸡酌白酒，儿女嬉笑牵人衣。

高歌取醉欲自慰，起舞落日争光辉。

游说万乘苦不早，著鞭跨马涉远道。

会稽愚妇轻买臣[1]，余亦辞家西入秦。

仰天大笑出门去，我辈岂是蓬蒿人[2]。

◇注释

[1] 会稽愚妇轻买臣：西汉人朱买臣靠砍柴卖柴为生，妻子嫌弃他贫贱，于是离他而去。后来朱买臣做了会稽太守。

[2] 蓬蒿人：草野之人。

◇译文

从山中归来时，新酿的白酒已经熟了，金秋时节，肥肥的黄鸡吃着黍粒。

呼唤童子烧鸡煮酒，儿女听说了都高兴地拽着我的衣裳。

我高歌一曲，开怀畅饮，聊以自慰，起身舞剑，剑光与落日同辉。

苦于没有早些去游说万乘之君，策马扬鞭奔赴远途。

当年会稽的愚妇人看不起朱买臣，我也要离家向西去往长安。

仰天大笑出门去，我怎么会是那种长期身处草野之人。

陪侍郎叔[1] 游洞庭醉后三首

其一

今日竹林宴[2]，我家贤侍郎。

三杯容小阮[3]，醉后发清狂。

◇注释

[1] 侍郎叔：刑部侍郎李晔，李白的族叔。

[2] 竹林宴：此处用阮籍、阮咸叔侄同饮竹林的典故。

[3] 小阮：即阮咸。

◇译文

今日我与我的侍郎叔李晔，共同在竹林中宴饮。

三杯酒下肚，请向宽容阮咸一样原谅我醉后不羁之态吧。

其二

船上齐桡乐，湖心泛月归。

白鸥闲不去，争拂酒筵飞。

◇译文

在船上一起摇桨欢乐，乘船到湖心后乘月而归。

悠闲的白鸥不向远处飞去，却争相在我们的酒筵上方盘桓。

其三

划却 [1] 君山好，平铺湘水流。

巴陵无限酒，醉杀洞庭秋。

◇注释

[1] 划（chǎn）却：铲平，铲掉。

◇译文

把君山铲平就好了，湘水就可以平铺开了。

巴陵的美酒饮之不尽，我们共醉于洞庭湖的萧萧秋色中。

陪族叔刑部侍郎晔及中书贾舍人至[1]
游洞庭五首·选三

其一

洞庭西望楚江分，水尽南天不见云。

日落长沙秋色远，不知何处吊湘君[2]。

◇注释

[1] 中书贾舍人至：贾至，唐朝官员、诗人，洛阳人，天宝末年为中书舍人。此时谪居岳州，于是李白、李晔、贾至三人同游洞庭。

[2] 湘君：湘水之神。

◇译文

西望洞庭，楚江水一分为二，水波渺茫，直接南天。

夕阳余晖笼罩着长沙的无尽秋色，不知道在湘江何处可以吊慰湘君。

其二

南湖[1] 秋水夜无烟，耐可乘流直上天。

且就洞庭赊月色，将船买酒白云边。

◇注释

[1] 南湖：即洞庭湖。

◇译文

秋夜的洞庭湖水静谧无烟，好像能乘着水流直上九天。

我姑且向洞庭湖借一些月色，驾船去到白云边买酒喝。

其三

洛阳才子[1] 谪湘川，元礼[2] 同舟月下仙。

记得长安还欲笑，不知何处是西天。

◇注释

[1] 洛阳才子：指西汉贾谊。贾至也是洛阳人，所以在这里把贾至比作贾谊。

[2] 元礼：东汉李膺，字元礼。这里以李膺比李晔。

◇译文

贾至你和洛阳才子一样谪居在湘水之地，李晔我们共同泛舟于月下。

想到长安不禁向西而笑，而今已不知长安在何处了。

送杨山人归嵩山

我有万古宅，嵩阳玉女峰。

长留一片月，挂在东溪松。

尔去掇仙草，菖蒲花紫茸[1]。

岁晚或相访，青天骑白龙。

◇注释

[1] 茸：指蒲花。

◇译文

我有万古不废的宅子，就在嵩阳玉女峰之上。

我长久地留住一片明月，挂在东溪的松林间。

你去那里采摘仙草，菖蒲花开出紫色的茸花。

年末的时候我或许将会去拜访你，你就在青天之上骑着白龙来迎接我吧。

秋下荆门

霜落荆门江树空，布帆无恙[1] 挂秋风。

此行不为鲈鱼鲙[2]，自爱名山入剡中。

◇注释

[1] 布帆无恙：《晋书·顾恺之传》载，顾恺之在荆州刺史殷仲堪处做幕僚，一次请假东归时，他向殷仲堪借船。船到江陵时遇上大风，顾恺之死里逃生，给殷仲堪写信道："行人安稳，布帆无恙。"

[2] 鲈鱼鲙：切细的鲈鱼肉。《晋书·张翰传》载，张翰在洛阳做官时，见秋风起，想到家中的美味菰菜、莼羹和鲈鱼鲙，于是辞官归乡。

◇译文

秋霜落在荆门，江边树木的叶子已落尽，乘着秋风，我一路旅途无恙。

这次去剡中并不是为了品尝鲈鱼鲙，而是因为我爱好名山。

清平调[1]词三首

其一

云想衣裳花想容，春风拂槛露华浓。

若非群玉[2]山头见，会向瑶台[3]月下逢。

◇注释

[1] 清平调：乐府调名。

[2] 群玉：山名。传说中西王母所居的仙山。

[3] 瑶台：传说中西王母所住的宫殿。

◇译文

彩云想变作她的衣裳，花儿想成为她的面容，贵妃之容姿如同春风吹拂着带露的牡丹。

若不是群玉山头才能见到的仙子，那必定是瑶台月下才能相会的神女。

其二

一枝红艳露凝香，云雨巫山[1]枉断肠。

借问汉宫谁得似，可怜飞燕倚新妆。

◇注释

[1] 云雨巫山：指楚襄王在梦中与巫山神女相会的传说。

◇译文

贵妃容姿，如同一枝凝香吐露的红牡丹，巫山神女也只能枉断肝肠。

若问汉宫中有谁能与贵妃相媲美，只有赵飞燕精心装扮才能勉强与之相比。

其三

名花倾国两相欢，常得君王带笑看。

解释春风无限恨，沈[1]香亭北倚阑干。

◇注释

[1] 沈：同"沉"。

名花与美人相看成趣，使得君王满面含笑。

在沉香亭北倚栏而望，君王的无限惆怅都被春风消解。

秋日鲁郡尧祠亭上宴别杜补阙范侍御 [1]

我觉秋兴 [2] 逸，谁云秋兴悲？

山将落日去，水与晴空宜。

鲁酒白玉壶，送行驻金羁。

歇鞍憩古木，解带挂横枝。

歌鼓川上亭，曲度神飙吹。

云归碧海夕，雁没青天时。

相失各万里，茫然空尔思。

◇注释

　　[1] 杜补阙范侍御：杜补阙、范侍御都是李白的友人。补阙、侍御，官名。一说杜补阙是指杜甫。

　　[2] 秋兴：因秋起兴。

◇译文

我觉得感怀秋日使人轻松快乐，谁说感怀秋日一定是悲凉的呢？

连绵群山将落日缓缓带走，碧水与晴空相互映照。

用白玉壶装满鲁酒，送行到此处停下了车马。

将马安置在古木下休息，解下锦带挂在横生的树枝上。

在水中的亭子上大家唱歌敲鼓，悠扬的曲调如同疾风吹度。

日暮之时白云飘向碧海，大雁也消失在青天之上。

我们就要彼此分别，相隔万里，我对你们只有茫然无尽的思念。

秋浦歌十七首·选四

其一

秋浦长似秋，萧条使人愁。

客愁不可度，行上东大楼。

正西望长安，下见江水流。

寄言向江水，汝意忆侬不 [1]？

遥传一掬泪，为我达扬州。

◇注释

[1] 不：同"否"。

◇译文

长长的秋浦水像秋天一样漫长，萧条的景色使人顿生愁绪。

羁旅之人的愁绪不可量度，我登上大楼山聊以解忧。

138

向西望着长安城，向下看见江水东流。

我问这滔滔江水，你还记得我吗？

请你为我遥遥捎一捧眼泪，送给我扬州的朋友。

其二

秋浦猿夜愁，黄山^[1]堪白头。

清溪非陇水^[2]，翻作断肠流。

欲去不得去，薄游成久游。

何年是归日，雨泪下孤舟。

◇注释

[1] 黄山：指秋浦县附近的黄山岭，又称小黄山。

[2] 陇水：《陇头歌辞》载："陇头流水，鸣声幽咽。遥望秦川，心肝断绝。"
传说陇水的流水声听起来十分悲切。

◇译文

秋浦水边夜猿哀鸣，连附近的小黄山也愁白了头。

清溪虽不是陇水，但是滔滔流水也令人肠断。

我想要离去却不能离去，原本的短游成了长游。

什么时候才是归期呢，泪水如同小雨落在孤舟上。

其四

两鬓入秋浦，一朝飒[1]已衰。

猿声催白发，长短尽成丝。

◇**注释**

[1] 飒：衰落貌。

◇**译文**

到秋浦水边，一个早晨两鬓就因忧愁变得衰白。

那猿啼之声催白了头发，长长短短纷乱如丝。

其十五

白发三千丈，缘愁似个长。

不知明镜里，何处得秋霜。

头上的白发已经长到三千丈，只因为心中的愁绪有这么长。

不知道镜子之中，是何处的秋霜落在了我的头上。

前有一樽酒行二首

其一

春风东来忽相过，金樽渌酒生微波。

落花纷纷稍觉多，美人欲醉朱颜酡[1]。

青轩[2]桃李能几何，流光欺人忽蹉跎。

君起舞，日西夕。

当年意气不肯平，白发如丝叹何益。

◇注释

[1] 酡：因饮酒而面红。

[2] 青轩：豪华的车子。

◇译文

春风从东边吹来，使金樽中的美酒泛起了微波。

无尽的落花纷纷扬扬，美人昏昏欲醉，脸颊泛红。

青轩旁盛开的桃李花又能开到几时呢，流光忽然就把人变老了。

你起舞吧，太阳已经要落山了。

当年年少意气轻狂，而今白发如丝哀叹又有何用。

其二

琴奏龙门之绿桐，玉壶美酒清若空。

催弦拂柱[1]与君饮，看朱成碧颜始红。

胡姬貌如花，当垆笑春风。

笑春风，舞罗衣，君今不醉将安归。

◇注释

[1] 催弦拂（bì）柱：上紧琴弦，调整弦柱。

◇译文

奏起龙门绿桐制成的琴，玉壶里的美酒清澈见底。

上紧琴弦，调整弦柱，与君对饮，直到红色看成了绿色，醉颜渐红。

胡姬貌如春花，站在酒垆前临春风而笑。

春风含笑，罗衣轻舞，今日你若不醉又想去哪里呢。

入清溪行山中

轻舟去何疾！已到云林境，

起坐鱼鸟间，动摇山水影。

岩中响自合，溪里言弥静。

无事令人幽，停桡向余景。

◇译文

小舟行进得好快啊！转眼就到了白云悠悠，山林苍翠之地。

行止坐卧都在鱼儿与小鸟身边，一动一摇都是山水的幻影。

溪水拍打着岩石发出和谐的音韵，在小溪边讲话越能感到溪谷的宁静。

这样的无所事事令人感到悠闲，于是停下手中的船桨看向落日的余晖。

上李邕 [1]

大鹏一日同风起，扶摇 [2] 直上九万里。

假令风歇时下来，犹能簸却沧溟水 [3] 。

世人见我恒殊调，闻余大言皆冷笑。

宣父 [4] 犹能畏后生，丈夫 [5] 未可轻年少。

◇注释

[1] 李邕：字泰和，广陵江都（今江苏江都市）人，唐代书法家、文学家。

[2] 扶摇：乘风。语出《庄子·逍遥游》："鹏之徙于南冥也，水击三千里，抟扶摇而上者九万里。"

[3] 簸却：激起，激荡。沧溟：大海。

[4] 宣父：指孔子。唐代贞观年间下诏尊孔子为宣父。

[5] 丈夫：对成年男子的尊称，这里指李邕。

大鹏鸟一旦乘风而飞，可以直上九万里云霄。

即使等到风停下来，它的力量也可以荡起大海之水。

时人见我常常发表奇谈怪论，听到我的豪言壮语都冷笑不已。

孔子尚且说后生可畏，大丈夫可不要轻视年轻人啊。

上三峡 [1]

巫山夹青天，巴水流若兹。

巴水忽可尽，青天无到时。

三朝上黄牛 [2]，三暮行太迟。

三朝又三暮，不觉鬓成丝。

◇注释

[1] 三峡：长江三峡，指瞿塘峡、巫峡和西陵峡。

[2] 黄牛：山名，也称黄牛峡。

◇译文

巫山高耸如云，似乎把青天夹在中间，巴水也奔流不息。

巴水忽然走到了尽头，而青天却依然遥远。

三个早晨行在黄牛峡，三个晚上还在黄牛峡逗留。

三天三夜辗转不停，不觉使我头发都愁白了。

送友人

青山横北郭，白水绕东城。

此地一为别，孤蓬[1]万里征。

浮云游子意，落日故人情。

挥手自兹去，萧萧班马鸣[2]。

◇注释

[1]孤蓬：比喻孤身远行的友人。蓬，又名飞蓬，一种植物，枯后根断，随风飞旋。

[2]萧萧：马的嘶叫声。班马：离群的马。

◇译文

青山横亘在城郭之北，明澈的流水环绕着东城。

今日我在此地与你作别，你将孤身远赴万里征程。

浮云是你远游的情意，落日是我送别的离情。

挥挥手，你自此离开，只听到那马儿声声的嘶鸣。

送友人入蜀

见说蚕丛路[1]，崎岖不易行。

山从人面起，云傍马头生。

芳树笼秦栈，春流绕蜀城。

升沉应已定，不必问君平[2]。

◇注释

[1] 蚕丛路：指入蜀的道路。

[2] 君平：西汉隐士严遵，字君平。他曾在成都卖卜为生。

◇译文

听说入蜀的道路，十分崎岖难行。

山崖好像从人脸旁突兀而起，云气仿佛依傍着马头上升翻腾。

花树笼罩着由秦入蜀的栈道，春江水环绕着蜀地。

人生的浮沉都是命中注定，不必去问善卜的君平了。

送蔡山人

我本不弃世，世人自弃我。

一乘无倪[1]舟，八极纵远柁。

燕客期跃马，唐生安敢讥[2]。

采珠勿惊龙，大道可暗归[3]。

故山有松月，迟尔玩清晖。

◇注释

[1] 无倪：无边无际。

[2] "燕客"二句：此处用蔡泽、唐举的典故。《史记·范雎蔡泽列传》："蔡泽者，燕人也。游学干诸侯，小大甚众，不遇。而从唐举相，曰：'……若臣者何如？'唐举孰视而笑曰：'先生曷鼻，巨肩，魋颜，蹙齃，膝挛。吾闻圣人不相，殆先生乎？'蔡泽知唐举戏之，乃曰：'富贵吾所自有，吾所不知者寿也，愿闻之。'唐举曰：'先生之寿，从今以往者四十三岁。'蔡泽笑谢而去，谓其御者曰：'吾持粱刺齿肥，跃马疾驱，怀黄金之印，结紫绶于要，揖让人主之前，食肉富贵，四十三年足矣。'"

[3] "采珠"二句：《庄子·列御寇》：人有见宋王，宋王赐车千乘，其人遂

150

以其十乘骄于庄子。庄子曰："千金之珠，必在九重之渊，骊龙颔下。能得其珠，必遭骊龙之睡。使骊龙之寤，何微之有？今宋国之深，非止九重之渊；宋王之猛，非止骊龙。子能得其车，必遭宋王之睡。使宋王而寤，子当为齑粉乎！"

◇译文

我本没有放弃俗世，然而世人却抛弃了我。

我就此乘上无尽之舟，去往无尽之地。

燕客蔡泽一旦发迹，唐举又哪敢轻视他。

采珠的时候不要把骊龙惊醒，可以暗暗让其归顺大道。

故乡的山中有松风明月，我等待与你一同沐浴清辉。

送舍弟

吾家白额驹[1]，远别临东道。

他日相思一梦君，应得池塘生春草[2]。

◇注释

[1] 白额驹：一作"白马驹"，指千里马，比喻有为青年。

[2] "应得"句：此句用典故，谢灵运梦见族弟谢惠连，醒来有"池塘生春草"之句。

◇译文

我们家的有为青年，就要在东道这里与你分别。

也许有一天我梦到你的时候，也会像谢灵运一样有"池塘生春草"的佳句。

送陆判官往琵琶峡

水国^[1]秋风夜，殊非^[2]远别时。

长安如梦里，何日是归期。

◇注释

[1] 水国：水乡。江南多河流湖泊，故称为水国。

[2] 殊非：绝非。

◇译文

秋夜里的江南水乡，秋风阵阵，这真不是适合远行的时候啊。

长安就像在梦中一样遥远，何日才是你的归期。

山中与幽人[1]对酌

两人对酌山花开，一杯一杯复一杯。

我醉欲眠卿且去，明朝有意抱琴来。

◇注释

[1] 幽人：隐居的人。

◇译文

山花灼灼，二人举杯对饮，喝完一杯又一杯。

我要醉了，你可自行离去，明日若是有意，请抱琴而来。

山中问答

问余何意栖碧山，笑而不答心自闲。

桃花流水窅然^[1]去，别有天地非人间。

◇**注释**

[1] 窅（yǎo）然：深远的样子。

◇**译文**

有人问我为什么栖居在碧山之上，我笑而不答，心中闲适自然。

桃花随着流水漂向远方，这里不是人间而是仙境。

访戴天山[1]道士不遇

犬吠水声中，桃花带露浓。

树深时见鹿，溪午不闻钟。

野竹分青霭[2]，飞泉挂碧峰。

无人知所去，愁倚两三松。

◇注释

[1] 戴天山：又名大康山或大匡山，在今四川江油市。

[2] 霭：云气。

◇译文

淙淙流水声中夹杂着犬吠声，桃花上沾染着雨露显得更加艳丽。

树林深处，有野鹿出没，正午时分到了溪边，还听不到山寺的钟声。

野生的竹子划破青色的雾霭，飞瀑如同挂在碧绿的山峰之上。

没有人知道道士的去向，只好惆怅地倚靠着两三棵古松。

蜀道难^[1]

噫吁嚱,危乎高哉!蜀道之难,难于上青天!蚕丛及鱼凫^[2],开国何茫然!尔来四万八千岁,不与秦塞^[3]通人烟。西当太白有鸟道,可以横绝峨眉巅。地崩山摧壮士死^[4],然后天梯石栈相钩连。上有六龙^[5]回日之高标,下有冲波逆折之回川。黄鹤之飞尚不得过,猿猱欲度愁攀援。青泥何盘盘,百步九折萦岩峦。扪参历井^[6]仰胁息,以手抚膺坐长叹。

问君西游何时还?畏途巉岩不可攀。但见悲鸟号古木,雄飞雌从绕林间。又闻子规^[7]啼夜月,愁空山。蜀道之难,难于上青天,使人听此凋朱颜!连峰去天不盈尺,枯松倒挂倚绝壁。飞湍瀑流争喧豗^[8],砯崖转石^[9]万壑雷。其险也如此,嗟尔远道之人胡为乎来哉!

剑阁峥嵘而崔嵬,一夫当关,万夫莫开。所守或匪亲,化为狼与豺。朝避猛虎,夕避长蛇,磨牙吮血,杀人如麻。锦城虽云乐,不如早还家。蜀道之难,难于上青天,侧身西望长咨嗟!

◇注释

[1] 蜀道难:古乐府旧题。

[2] 蚕丛及鱼凫：蚕丛、鱼凫，都是远古蜀王的名字。

[3] 秦塞：秦地。秦国古称"四塞之国"。

[4] 地崩山摧壮士死：指五丁开山的故事。秦惠王答应送蜀王五位美女，蜀王派五位壮士去迎接，回到梓潼的时候，看见一条大蛇钻进一个山洞。五个壮士抓住它的尾巴拉拽，突然山体崩塌，壮士和美女都被压死，而山分为五岭，入蜀之路被打通。

[5] 六龙：传说中太阳神的车子由羲和驾驭，六条龙拉着。

[6] 扪参历井：用手触摸星星，甚至从它们中间穿过。参、井，星宿名。

[7] 子规：杜鹃。传说是古代蜀王杜宇（号望帝）的魂魄所化，啼声哀切。

[8] 喧豗：喧闹声。

[9] 砯崖转石：急流和瀑布冲击山崖，石块滚滚而下。砯，水击岩石的声音，这里作动词。

◇译文

啊，山势多么高啊！蜀道的艰险，比登上青天还难！古代的蜀王蚕丛和鱼凫，开国的年代何其久啊！从那时到今天有四万八千年了吧，蜀地一直与秦地隔绝，互相不通人烟。西边太白山上只有飞鸟可以通行，可以直接飞越峨眉山巅。山崩地裂，埋葬了五位壮士，然后高险的山路和栈道才相互勾连。上面有太阳神的车驾都要绕道的高峰，下有波涛汹涌、回旋激荡的水流。黄鹤尚且无法飞越，猿猴也难以攀援。青泥山的路多么盘桓曲折，百步之内就要绕着山岩转九转。人在山上，似乎可以用手触摸到星星，甚至可以在星星当中穿行，仰头屏息，只能用手抚摸着胸口发出长长的叹息。

你这次西去何时才会回来？恐怕山高险阻不可攀登。只听见悲哀的鸟儿在古树上号叫，雄鸟飞旋，雌鸟跟随，在林间往还。又听到子规鸟在月夜哀鸣，令愁绪充满了空山。蜀道难以攀登，比上青天还难，让人听了脸色乍变！连绵的山峰离天不足一尺，枯松倒挂在悬崖绝壁之上。急流和瀑布飞泻而下，争相喧闹，飞流撞击着石块滚滚而下，使山谷发出雷鸣般的轰响。这样的险境，你这个远道而来的人为什么非要到这里来啊！

剑阁山山势险峻，一个人守关，就是一万人也别想闯进去。驻守的官员若不是自己的亲信，就会变成害人的豺与狼。清晨要躲避猛虎，傍晚也要防范长蛇，他们磨牙吸血，杀人如麻。锦官城虽说是个好地方，但还是不如早点回家。蜀道艰险，难于上青天，我转身西望，不住长长地叹息！

沙丘城下寄杜甫

我来竟何事，高卧沙丘城。

城边有古树，日夕连秋声。

鲁酒不可醉，齐歌空复情。

思君若汶水，浩荡寄南征。

◇译文

我来这里究竟是为了什么事呢，整日闲居在沙丘城。

城边有一棵古树，被秋风吹动早晚都发出簌簌的声音。

鲁地的酒不能使人沉醉，齐地的歌空有其情。

思君的情意如同这汶水，浩浩荡荡与你一同南行。

三五七言

秋风清，秋月明。

落叶聚还散，寒鸦栖复惊。

相思相见知何日，此时此夜难为情。

◇译文

秋风清冷，秋月明亮。

落叶聚集后又被风吹散，寒鸦栖息了也被这声响惊醒。

无尽的相思，不知何日能相见，在这样的深夜里，此刻的情感无处寄托。

塞下曲六首·其一

五月天山雪，无花只有寒。

笛中闻折柳，春色未曾看。

晓战随金鼓，宵眠抱玉鞍。

愿将腰下剑，直为斩楼兰。

◇译文

五月的天山漫天飞雪，没有花草，只有严寒。

在笛声中听到《折杨柳》的曲调，但春色至今没有看到。

战士们白天在金鼓声中征战，晚上就抱着马鞍睡觉。

我愿用腰间悬挂的宝剑，直取楼兰，为国立功。

少年行二首·其二

五陵年少金市东，银鞍白马度春风。

落花踏尽游何处，笑入胡姬酒肆中。

◇译文

在长安金市的东面，五陵少年们骑着银鞍白马，踏着春风而来。

落花踏尽后又将游玩到何处，他们笑着走进了胡姬的酒肆中。

苏台[1]览古

旧苑荒台杨柳新，菱歌清唱不胜春。

只今惟有西江月，曾照吴王[2]宫里人。

◇注释

[1] 苏台：即姑苏台。

[2] 吴王：指吴王夫差。

◇译文

亭台林苑都已荒芜，只有杨柳青青，采莲女的菱歌从远处传来，携来一阵春意。

而今这里只有一轮西江月，它也曾经照过吴王宫中的旧人。

思边

去年何时君别妾？南园绿草飞蝴蝶。

今岁何时妾忆君？西山白雪暗秦云。

玉关去此三千里，欲寄音书那可闻？

◇译文

去年你是什么时候与我分别？那时南园的绿草上蝴蝶翩飞。

今年我在何时会思念你？当西山罩上绵绵不断的白雪和密布彤云之时。

玉关离这里有三千里路，就算想要寄书信，又怎么能够送达呢？

题宛溪馆

吾怜宛溪好，百尺照心明。

何谢新安水，千寻见底清。

白沙留月色，绿竹助秋声。

却笑严湍^[1]上，于今独擅名。

◇注释

[1] 严湍：指严陵濑，因东汉隐士严子陵在此隐居而得名。

◇译文

我喜爱美丽的宛溪，溪水澄澈清明。

与新安江相比也毫不逊色，再深的地方也能一眼望到底。

月光洒在白沙滩上，秋风吹动绿竹，发出簌簌的声音。

可笑因为严子陵的缘故，世人只知道严陵濑，却不知道这里。

听蜀僧濬弹琴

蜀僧抱绿绮[1]，西下峨嵋峰。

为我一挥手，如听万壑松。

客心洗流水，余响入霜钟。

不觉碧山暮，秋云暗几重。

◇注释

[1] 绿绮：琴名。

◇译文

蜀僧濬怀抱着绿绮琴，从西面的峨眉峰上走下来。

他挥了挥手为我弹奏一曲，我如闻山谷间阵阵松涛。

我的心像被流水洗涤，琴韵连绵，和着远处的钟声。

不知不觉中青山披上暮色，层层秋云也暗淡了几重。

太原早秋

岁落众芳歇，时当大火[1]流。

霜威出塞早，云色渡河秋。

梦绕边城月，心飞故国楼。

思归若汾水，无日不悠悠。

◇注释

[1] 大火：星宿名。

◇译文

岁月流逝，花儿都已经凋谢，正是七月流火、暑气渐消的时节。

秋霜已经早早地来到了塞外，秋云也很快地渡过了黄河。

我的梦萦绕着边城的月亮，我的心早就飞到了故乡的城楼。

我思归的情意就如同这汾河的水，没有哪一天不是悠悠长流。

铜官山醉后绝句

我爱铜官乐，千年未拟还。

要须回舞袖，拂尽五松山。

◇译文

我喜爱在铜官山游乐，在此久居千年也不打算回去。

我要在这里挥舞衣袖，将五松山的山水都拂遍。

五月东鲁行答汶上翁

五月梅始黄，蚕凋桑柘空。

鲁人重织作，机杼鸣帘栊。

顾余不及仕，学剑来山东。

举鞭访前涂[1]，获笑汶上翁。

下愚忽壮士[2]，未足论穷通。

我以一箭书[3]，能取聊城功。

终然不受赏，羞与时人同。

西归去直道，落日昏阴虹[4]。

此去尔勿言，甘心如转蓬。

◇注释

[1] 涂：一作"途"。

[2] 下愚：指汶上翁。壮士：指李白自己。

[3] 一箭书：《史记·鲁仲连邹阳列传》载，战国时燕军攻占聊城，齐国田单带兵围攻聊城，久攻不下，鲁仲连于是写信一封，用箭射进城中。燕将见信后自杀。

[4] 阴虹：虹的外侧阴暗的部分，指朝廷的奸邪。

◇译文

五月梅子开始变黄，蚕事已经结束，桑树已经空无叶子。

鲁地的人重视织作，房间里到处传出机杼的声音。

我因为仕途不顺，于是来到山东学习剑术。

在策马扬鞭去问路时，却遭到汶上老翁的嘲笑。

愚蠢的人瞧不起壮士，不值得与他谈论穷通的道理。

我就像鲁仲连一样，以一箭书攻下聊城。

最终不肯接受任何封赏，只因不肯与世俗之人同列。

我将踏上西去长安的正道，纵使落日昏沉阴虹环绕。

此番前去你无需多言，我甘心身如蓬草飞转漂泊。

望天门山

天门中断楚江开，碧水东流至此回。

两岸青山相对出，孤帆一片日边来。

◇**译文**

天门山被楚江从中截断，碧水向东奔流到这里折回。

两岸的青山隔着长江相互对峙，江面上一叶孤舟好像从天水相接处驶来。

望庐山五老峰

庐山东南五老峰，青天削出金芙蓉。

九江秀色可揽结，吾将此地巢云松[1]。

◇**注释**

[1] 巢云松：指隐居。

◇**译文**

庐山东南有五座相连的山峰，就像青天削出的一朵金色芙蓉。

登上峰顶，九江的美景尽收眼底，我将在这里巢居于云松之中。

望九华赠青阳韦仲堪

昔在九江上，遥望九华峰。

天河挂绿水，秀出九芙蓉。

我欲一挥手，谁人可相从。

君为东道主，于此卧云松。

◇译文

我曾经在九江上，遥望着九华山峰。

瀑布就像天河倾泻，山峰如同秀丽的出水芙蓉。

我想要挥挥手，有谁愿与我结伴相游呢。

你是这里的东道主，却在这里与云松为伴。

望木瓜山

早起见日出，暮见栖鸟还。

客心自酸楚，况对木瓜山。

◇译文

早晨起来看见太阳升起，傍晚看见归巢的鸟儿。

我身为漂泊异客内心本就酸楚，更何况面对着木瓜山，想到酸涩的木瓜，就更加心酸了。

望月有怀

清泉映疏松，不知几千古。

寒月摇清波，流光入窗户。

对此空长吟，思君意何深。

无因见安道^[1]，兴尽愁人心。

◇注释

[1] 安道：戴安道。这里代指友人。

◇译文

清澈的泉水倒映出稀疏的古松，不知道它们已经存在了几千年了。

寒月在清波中荡漾，流光照进我的窗户。

我对此发出长叹，思君的情意越来越深。

在这夜里没有机会寻访戴安道，游赏虽然尽兴，却又生出愁绪。

望汉阳柳色寄王宰

汉阳江上柳，望客引东枝。

树树花如雪，纷纷乱若丝。

春风传我意，草木别前知。

寄谢弦歌宰[1]，西来定未迟。

◇注释

[1] 弦歌宰：《论语·阳货》载，子游（言偃）为武城宰（官职），以礼乐施教化，孔子到武城后，闻弦歌之声。后因称县令为"弦歌宰"。

◇译文

汉阳江岸的垂柳，向我抛来东边的枝条。

树树花絮如雪，纷纷扬扬乱若游丝。

春风传递着我的情意，草木已经先知道即将离别了吧。

我想要将此诗寄给王宰，你西来江夏的时间莫要推迟。

闻王昌龄左迁[1]龙标遥有此寄

杨花落尽子规啼，闻道龙标[2]过五溪。

我寄愁心与明月，随君直到夜郎西。

◇注释

[1] 左迁：贬官，降职。

[2] 龙标：唐代县名，王昌龄的贬所。这里代指王昌龄。

◇译文

杨花落尽，子规鸟啼鸣之时，我听说了贬为龙标尉的你要经过五溪。

我把愁思交给天上的明月，希望它能陪着你一直到夜郎以西。

乌夜啼 [1]

黄云城边乌欲栖，归飞哑哑枝上啼。

机中织锦秦川女，碧纱如烟隔窗语。

停梭怅然忆远人，独宿空房泪如雨。

◇注释

[1] 乌夜啼：乐府旧题，多写男女相思离别之苦。

◇译文

黄云城边的乌鸦将要归巢了，它们飞回后在树枝上哑哑啼叫。

在织布的秦川女子，隔着如烟的碧纱窗在喃喃自语。

她停下手中的梭子怅然回忆起远行之人，一个人孤独地坐在房中泪落如雨。

下终南山过斛斯山人 [1] 宿置酒

暮从碧山下，山月随人归。

却顾所来径，苍苍横翠微。

相携及田家，童稚开荆扉。

绿竹入幽径，青萝拂行衣。

欢言得所憩，美酒聊共挥。

长歌吟松风 [2]，曲尽河星稀。

我醉君复乐，陶然共忘机 [3]。

◇注释

[1] 斛斯山人：姓斛斯的隐士。斛斯，复姓。山人，隐士。

[2] 松风：即《风入松》，古琴曲名。

[3] 机：世俗心机。

◇译文

　　黄昏时从终南山中下来，山月伴我同行。

　　回头望去刚才走过的路，苍苍茫茫一片葱翠。

　　我与斛斯山人携手同归，孩童为我们打开了门扉。

　　绿竹掩映在幽深的小路上，青萝的枝叶不时拂过我的衣裳。

　　欢颜谈笑，身心放松，共举美酒，宾主尽欢。

　　高歌一曲松风古韵，唱罢已是月淡星稀。

　　我大醉，主人非常高兴，世俗心机再无挂怀。

行路难 [1] 三首·选二

其一

金樽清酒斗十千，玉盘珍羞 [2] 值万钱。

停杯投箸不能食，拔剑四顾心茫然。

欲渡黄河冰塞川，将登太行雪满山。

闲来垂钓碧溪上 [3]，忽复乘舟梦日边 [4]。

行路难，行路难，多歧路，今安在？

长风破浪 [5] 会有时，直挂云帆济沧海。

◇注释

　　[1] 行路难：乐府旧题。

　　[2] 羞：同"馐"，菜肴。

　　[3] "闲来"句：用姜太公吕尚的典故。吕尚八十岁时在渭水的磻溪垂钓，遇到了周文王，后来他辅佐周武王灭商。

　　[4] 乘舟梦日边：相传尹伊在被商汤委以国政要务时，曾经梦见自己乘船经过

日月旁边。

[5] 长风破浪：南朝宋时宗悫少年有大志，他叔父问他的志向，他回答："愿乘长风，破万里浪。"

◇译文

金杯中的美酒一斗价值十千钱，玉盘中的佳肴价值万钱。

我放下酒杯和筷子，停止进餐，拔出宝剑茫然四顾。

想要渡过黄河却被冰川所阻，想要登上太行，却已经风雪满山。

像姜太公一样在溪边垂钓等待贤主，像尹伊梦中乘船经过日月旁边，终被委以重任。

人生道路多么艰难，多么艰难，到处都是歧路，如今身在何处？

相信乘长风破万里浪的时刻总会到来，那时我将挂起风帆，横渡沧海。

其三

有耳莫洗颍川水[1]，有口莫食首阳蕨[2]。

含光混世贵无名，何用孤高比云月？

吾观自古贤达人，功成不退皆殒身。

子胥既弃吴江上[3]，屈原终投湘水滨。

陆机雄才岂自保[4]？李斯税驾苦不早[5]。

华亭鹤唳讵可闻[6]？上蔡苍鹰何足道[7]？

君不见吴中张翰称达生 [8]，秋风忽忆江东行。

且乐生前一杯酒，何须身后千载名。

◇注释

[1]"有耳"句：指尧时的隐士许由，听到尧要封他做官的消息，去颖川水边洗耳朵。

[2]"有口"句：指殷末伯夷、叔齐耻食周粟，采薇于首阳山，最终饿死的故事。

[3]"子胥"句：指春秋时吴国臣子伍子胥被吴王赐死，弃尸于吴江的事情。

[4]"陆机"句：指西晋陆机虽有雄才，但终被谗言所害。

[5]"李斯"句：秦始皇任李斯为丞相，但被赵高进谗言杀害。税驾：解下驾车的马匹休息。

[6]"华亭"句：陆机临刑时叹道："欲闻华亭鹤唳，可复得乎？"

[7]"上蔡"句：李斯，上蔡人。李斯临刑时对他的孩子说："吾欲与汝，牵黄犬臂苍鹰出上蔡东门，不可得矣。"

[8]吴中张翰称达生：张翰，西晋文学家，吴郡吴县（今江苏苏州）人。生性旷达，时人称之为"达生"。

◇译文

不要学许由在颖川水边洗耳朵，不要学伯夷、叔齐在首阳山上采薇而食。

韬光养晦，混迹世间，以无名为贵，何必要自诩孤高，与云月相比？

我看自古以来的贤达之人，功成之后没有及时抽身，都以殒命告终。

伍子胥被弃于吴江之上，屈原最终溺于湘水之中。

陆机虽有雄才又哪能自保？ 李斯也苦于没有早点解甲归田。

哪里还能听到华亭中鹤鸣之声？哪里还能在上蔡东门擎苍鹰打猎呢？

君不见，时人称吴中张翰是个旷达之人，他见秋风起也想起自己的江东故乡。

生前有酒就应当纵情欢乐，何必在意身后千载的虚名呢。

宣州谢朓楼饯别校书叔云 [1]

弃我去者昨日之日不可留，

乱我心者今日之日多烦忧。

长风万里送秋雁，对此可以酣高楼。

蓬莱文章建安骨 [2]，中间小谢又清发。

俱怀逸兴壮思飞，欲上青天览明月。

抽刀断水水更流，举杯消愁愁更愁。

人生在世不称意，明朝散发弄扁舟。

◇注释

[1] 谢朓：南朝齐诗人。又称"小谢"，与"大谢"谢灵运是同族。谢朓楼，是其任宣州太守时所建。校书叔云：校书，官名。叔云，指李白的族叔李云。

[2] 蓬莱文章：东汉时藏书之东观。当时的学者称东观为"道家蓬莱山"。建安骨：即建安风骨。建安是汉献帝年号，这一时期以曹氏父子、竹林七贤为代表，他们的文学作品具有雄健深沉、慷慨悲凉的艺术风格，被称为"建安风骨"。

◇译文

昨天的时光离我远去不可挽留，今天的日子扰乱我心使我烦忧。

长风吹拂几万里送走南飞的大雁，对此我只有开怀痛饮，在高楼之上大醉酩酊。

你的文章具有建安风骨，而我的诗风又像谢朓那样清秀。

我们都满怀超然的兴致，文思勃发，真想飞上青天摘下明月。

抽刀断水，水流更急，举杯消愁，更是愁上加愁。

人生在世如果不如意，不如散了头发，泛舟而游。

戏赠杜甫

饭颗山前逢杜甫，头戴笠子日卓午[1]。

借问别来太瘦生，总为从前作诗苦。

◇注释

[1] 卓午：正午。

◇译文

在饭颗山前遇见了杜甫，他戴着斗笠站在正午的阳光下。

我问他许久不见为何瘦成这个样子，他说只是因为从前作诗太辛苦。

戏赠郑溧阳

陶令^[1]日日醉，不知五柳春。

素琴本无弦，漉酒用葛巾。

清风北窗下，自谓羲皇人^[2]。

何时到栗里，一见平生亲。

◇注释

[1] 陶令：指陶渊明。

[2] 羲皇人：伏羲氏时人。比喻生活闲适的人。

◇译文

陶县令日日畅饮大醉，不知道宅前的五棵柳树是否回春。

古朴的琴上没有琴弦，用头上的葛巾来滤酒。

你如同陶渊明高卧在北窗之下，清风吹过，称自己是羲皇上人。

什么时候到溧阳一游，见见你这位平生好友。

谢公亭 [1]

谢亭离别处，风景每生愁。

客散青天月，山空碧水流。

池花春映日，窗竹夜鸣秋。

今古一相接，长歌怀旧游。

◇注释

[1] 谢公亭：南朝齐诗人谢朓任宣州太守时所建，在安徽宣城城北。谢朓曾在此处送别好友范云。

◇译文

当年谢朓在谢公亭送别范云，每次看到这里的风景都使人生愁。

人生常有离散，青天明月长存，空山静谧，流水不绝。

池中的春花映着红日，窗边的绿竹在秋夜中发出萧瑟之声。

今人与古人息息相接，我高歌一曲怀念谢公与范云的旧游。

宣城见杜鹃花

蜀国曾闻子规鸟，宣城还见杜鹃花。

一叫一回肠一断，三春三月忆三巴^[1]。

◇**注释**

　[1] 三巴：东汉末年置巴郡、巴东、巴西三郡，被称为"三巴"。

◇**译文**

　在故乡听闻子规凄恻的叫声，如今在异乡的宣城，又看到盛开的杜鹃花。

　子规声声令人肠断，在暮春三月游子思念他的故乡三巴。

襄阳歌

落日欲没岘山西，倒著接䍦^[1]花下迷。

襄阳小儿齐拍手，拦街争唱《白铜鞮》^[2]。

傍人借问笑何事，笑杀山翁^[3]醉似泥。

鸬鹚杓，鹦鹉杯。

百年三万六千日， 一日须倾三百杯。

遥看汉水鸭头绿，恰似葡萄初酦醅^[4]。

此江若变作春酒，垒曲便筑糟丘台。

千金骏马换小妾^[5]，笑坐雕鞍歌落梅^[6]。

车旁侧挂一壶酒，凤笙龙管行相催。

咸阳市中叹黄犬^[7]，何如月下倾金罍？

君不见晋朝羊公一片石^[8]，龟头剥落生莓苔。

泪亦不能为之堕，心亦不能为之哀。

清风朗月不用一钱买，玉山自倒^[9]非人推。

舒州杓，力士铛。李白与尔同死生。

襄王云雨^[10]今安在？江水东流猿夜声。

192

◇注释

[1] 倒著接䍦: 晋朝山简镇守襄阳时, 常常出去畅饮大醉而归。当时有歌谣: "山公出何许? 往至高阳池。日夕倒载归, 酩酊无所知。时时能骑马, 倒著白接䍦。" 接䍦, 一种白色的帽子。

[2]《白铜鞮》: 南朝齐梁时歌谣名。

[3] 山翁: 山简。这里指李白像山简一样, 大醉而归被襄阳小儿嘲笑。

[4] 酦醅 (pō pēi): 重酿未过滤的酒。

[5] 骏马换小妾:《独异志》载, 后魏曹彰曾经用小妾换取一匹骏马。

[6] 落梅: 即《梅花落》, 乐曲名。

[7] 叹黄犬: 李斯被害时曾叹道: "吾欲与若复牵黄犬, 俱出上蔡东门, 逐狡兔, 岂可得乎?"

[8] 羊公: 西晋名将羊祜, 曾镇守襄阳。一片石: 指堕泪碑。羊祜镇守襄阳时, 常常登岘山, 喝酒赋诗。他死后, 后人为他在岘山立碑, 见碑者无不流泪, 因此称为"堕泪碑"。

[9] 玉山自倒: 形容醉态。《世说新语·容止》载, 嵇康"其醉也, 傀俄若玉山之将崩"。

[10] 襄王云雨: 宋玉《神女赋》中有楚襄王在梦中与神女相会的故事。

◇译文

夕阳渐渐落在岘山西面, 我倒戴着白色的帽子迷醉在花丛中。

襄阳小儿们齐齐拍手笑我, 在街上拦着我唱起《白铜鞮》。

路过的人问他们在笑些什么，他们说笑我和山简一样烂醉如泥。

鸬鹚形状的勺子，鹦鹉螺做的杯子。

一百年有三万六千日，每天都要喝三百杯。

远远看汉水碧绿清澈，就像刚刚酿好的葡萄酒。

汉水如果变成春酒，酒糟就可以垒成高台。

价值千金的骏马换来美妾，笑坐在马上高唱着《梅花落》。

在马车旁边挂上一壶酒，在凤笙龙管奏出的音乐中出游行乐。

在咸阳道中徒叹黄犬的李斯，怎么比得上我在月下把酒斟酌？

你不是看见过晋朝羊祜的堕泪碑吗，驮碑的石龟头部已经剥落，长满青苔。

如今我看见它既不会落泪，也不会为它感到悲哀。

清风明月不用花一分钱即可拥有，醉后不用人推，我就像玉山一样自己倾倒。

舒州出产的酒杓，三足的酒器，我李白要与你们共生死。

楚襄王的云雨之梦哪里去寻？只有江水东流，夜猿悲啼之声。

侠客行 [1]

赵客缦胡缨[2]，吴钩霜雪明。

银鞍照白马，飒沓[3]如流星。

十步杀一人，千里不留行。

事了拂衣去，深藏身与名。

闲过信陵饮，脱剑膝前横。

将炙啖朱亥，持觞劝侯嬴[4]。

三杯吐然诺，五岳倒为轻。

眼花耳热后，意气素霓生。

救赵[5]挥金槌，邯郸先震惊。

千秋二壮士，烜赫大梁城。

纵死侠骨香，不惭世上英。

谁能书阁下，白首《太玄经》[6]？

◇注释

[1] 侠客行：乐府旧题。

[2] 缦胡缨：用来系帽的带子，做工粗糙，没有花纹。

[3] 飒沓：形容马跑得快。

[4] 朱亥、侯嬴：信陵君的两个门客，朱亥是屠户，侯嬴是门官。

[5] 救赵：指信陵君窃符救赵的故事。

[6]《太玄经》：西汉扬雄在皇帝藏书的天禄阁撰写的哲学著作。

◇译文

赵国的侠客帽上系着粗布带子，吴地的弯刀如霜雪一样闪亮。

骑着银鞍白马，在街上驰骋就像流星一样。

他们十步就可杀一人，奔走千里了无行迹。

大功告成便拂袖离去，将功名深藏，远离尘世。

他们安闲时便去拜访信陵君畅饮美酒，把剑摘下横在膝前。

与朱亥、侯嬴一起大块吃肉、大口喝酒。

三杯酒下去，便许下承诺，誓言比五岳还要重。

酒喝正酣，眼花耳热，风发的意气就如白色的云霓陡然升起。

为了救助赵国朱亥挥舞金槌，使邯郸军民大为震惊。

他们二人的功绩千古铭记，煊赫的声名在大梁城流传。

纵然他们死去，他们的侠肝义胆也流芳千古，不愧是当世的英雄豪杰。

谁愿像扬雄一样，在书阁之中，埋首创作《太玄经》，直到白发苍苍呢？

清溪行

清溪清我心，水色异诸水。

借问新安江，见底何如此！

人行明镜中，鸟度屏风里。

向晚猩猩啼，空悲远游子。

◇**译文**

　　清溪的水使我的心清净，水色有别于其他任何地方。

　　敢问新安江，能比得上清溪水这样清澈见底吗？

　　人在岸上行走就像走在明镜之上，鸟儿飞在山峦中，如穿行层层屏风。

　　傍晚时分，猩猩发出啼叫声，让远行的游子悲伤。

相逢行二首·其二

相逢红尘内，高揖黄金鞭。

万户垂杨里，君家阿那边^[1]？

◇注释

[1] 阿那边：在哪里。

◇译文

与你在喧闹的市井中相逢，手挽住有黄金装饰的马鞭互相作揖问好。

在那垂杨柳丛中的万户人家，请问哪一处是君家的宅院？

学古思边 [1]

衔悲上陇首，肠断不见君。

流水若有情，幽哀从此分。

苍茫愁边色，惆怅落日曛。

山外接远天，天际忽有云。

白雁从中来，飞鸣苦难闻。

足系一书札，寄言叹离群。

离群心断绝，十见花成雪。

胡地无春晖，征人行不归。

相思杳如梦，珠泪湿罗衣。

◇注释

[1] 学古思边：即模仿古诗写女子对征夫的思念。

◇译文

　　心怀悲戚走上陇头，不见我的郎君肝肠寸断。

　　流水如果也有情意，从这里开始就变得幽咽哀怨。

　　边塞苍茫之色使人生愁，落日的余晖令人惆怅。

　　山峦连接着遥远的天空，天际之处忽然有云彩飘浮。

　　白雁从天际飞来，一边飞一边发出令人不忍听闻的哀鸣。

　　白雁的脚上系着一封信札，书写着离群的哀怨。

　　离群使它忧愁欲绝，已经十次看见落花变成飞雪。

　　胡地没有春光，游子远行不归。

　　我的相思就如缥缈的梦，只有泪珠沾湿了衣衫。

携妓登梁王[1]栖霞山孟氏桃园中

碧草已满地，柳与梅争春。

谢公自有东山妓[2]，金屏笑坐如花人。

今日非昨日，明日还复来。

白发对绿酒，强歌心已摧。

君不见，梁王池上月，昔照梁王樽酒中。

梁王已去明月在，黄鹂愁醉啼春风。

分明感激眼前事，莫惜醉卧桃园东。

◇注释

[1] 梁王：指西汉梁孝王刘武。

[2] 谢公：指晋代名士谢安。东山妓：谢安在东山居住时畜养的女艺人。

◇译文

绿草已经长满大地，杨柳与梅树争夺春色。

谢公有东山妓，坐在金色屏风前笑如春花。

今日已不是昨日，明日会不断到来。

白发人对着美酒，勉强欢歌，而内心悲切。

你看这梁王池塘上空的月亮，它的光辉曾经照在梁王的酒樽中。

梁王早就已经逝去，但这轮明月不改，黄鹂鸟也为醉客发愁，在春风中啼鸣。

我分明是为眼前之事所感喟，不惜在这桃园中一醉方休。

与夏十二^[1]登岳阳楼

楼观岳阳尽，川迥洞庭开。

雁引愁心去，山衔好月来。

云间连下榻，天上接行杯。

醉后凉风起，吹人舞袖回。

◇**注释**

[1] 夏十二：李白的朋友，排行第十二，名字、生平不详。

◇**译文**

登上岳阳楼，饱览四周的风景，洞庭湖水浩浩荡荡，广阔无垠。

大雁带走了我的愁思，群山为我衔来好月。

我仿佛置身于云间，与友人在天上传杯饮酒。

醉后吹来阵阵凉风，吹得人衣袖随风舞动。

夜下征虏亭

船下广陵去，月明征虏亭。

山花如绣颊，江火似流萤。

◇译文

我乘舟去广陵，在小舟上回望，明月照亮了征虏亭。

山花烂漫，好似姑娘绯红的脸颊，江畔灯火，如同飞舞的流萤。

夜宿山寺

危楼高百尺，手可摘星辰。

不敢高声语，恐惊天上人。

◇译文

山上的寺庙好像有一百尺那么高，站在楼上，伸手就可以摘下星辰。

我不敢大声地说话，恐怕惊动了天上的神仙。

夜泊牛渚怀古

牛渚西江夜，青天无片云。

登舟望秋月，空忆谢将军[1]。

余亦能高咏，斯人不可闻。

明朝挂帆席，枫叶落纷纷。

◇注释

[1] 谢将军：谢尚，东晋时期名士。官拜镇西将军，曾在镇守牛渚时，在秋夜泛舟赏月，恰逢袁宏在客船上吟诵自己作的《咏史》诗，于是邀其前来，彻夜长谈。

◇译文

秋夜停舟在西江牛渚山，青天上没有一片云彩。

登上小舟望向空中秋月，徒然怀念起谢尚将军。

我也能像袁宏一样吟咏诗篇，可惜没有谢将军那样的人听闻。

明天我将挂起风帆离开这里，只有漫天的枫叶纷纷飘落。

与史郎中钦听黄鹤楼上吹笛

一为迁客去长沙，西望长安不见家。

黄鹤楼中吹玉笛，江城五月落梅花[1]。

◇注释

[1] 落梅花：笛曲《梅花落》。

◇译文

一朝被贬去往长沙，西望长安，已不见回家的路。

听到黄鹤楼上传出笛曲《梅花落》，仿佛看见五月的江城梅花漫天飘落。

永王[1]东巡歌十一首·其二

三川北虏乱如麻[2]，四海南奔似永嘉。
但用东山谢安石[3]，为君谈笑静胡沙。

◇注释

　[1] 永王：永王李璘，唐玄宗第十六子。

　[2] 三川：郡名，以境内有黄河、洛水、伊水三川而得名。北虏：指安史叛军。

　[3] 谢安石：东晋名士谢安，字安石。

◇译文

　三川之地叛军横行，百姓们像永嘉之乱时那样四海逃散。

　只要起用像谢安那样的人才，谈笑之间就可以为国家平定叛乱。

玉阶怨 [1]

玉阶生白露，夜久侵罗袜。

却下水晶帘，玲珑望秋月。

◇注释

[1] 玉阶怨：乐府曲调，属《相和歌辞·楚调曲》。

◇译文

玉石台阶上落满了露水，深夜里站得久了，露水浸湿了罗袜。

回到屋内放下水晶帘，透过珠帘望向明亮的秋月。

怨情

美人卷珠帘，深坐颦蛾眉。

但见泪痕湿，不知心恨谁。

◇译文

美人卷起珠帘，久坐凝望，蛾眉紧皱。

只见她满脸泪痕，却不知她心中为谁恼恨。

越女词五首·选二

其三

耶溪采莲女，见客棹歌回。

笑入荷花去，佯羞不出来。

◇**译文**

若耶溪上采莲的女子，见到行客，唱着歌儿把船划回。

她们笑着隐入荷花丛中，假装害羞不肯出来。

其五

镜湖水如月，耶溪女如雪。

新妆荡新波，光景两奇绝。

◇译文

镜湖的水清明如月，若耶溪的女子如雪般洁白美好。

画上新妆在水中泛舟，美人与湖光山色两相辉映，令人叫绝。

观胡人吹笛

胡人吹玉笛，一半是秦声。

十月吴山晓，《梅花》落敬亭。

愁闻《出塞》曲，泪满逐臣缨。

却望[1]长安道，空怀恋主情。

◇注释

[1] 却望：回望。

◇译文

胡人吹响玉笛，一半都是秦地的曲调。

十月吴地之山的清晨，《梅花落》笛声传遍了敬亭山。

听到《出塞》曲让人愁苦万分，满眼的泪水沾湿了我这个被逐出京城的臣子的帽缨。

回望通往长安的道路，哀叹自己空怀着恋主的情结。

213

游南阳清泠泉

惜彼落日暮，爱此寒泉清。

西辉[1]逐流水，荡漾游子情。

空歌望云月，曲尽长松声。

◇注释

[1] 西辉：夕阳余晖。

◇译文

珍爱这太阳落山时的景致，喜爱这寒泉的清澈。

落日的余晖追逐着流水，荡漾着游子的情意。

望着云彩和月亮我放声歌唱，一曲终了，听到了林间的松涛。

鹦鹉洲

鹦鹉来过吴江水，江上洲传鹦鹉名。

鹦鹉西飞陇山去，芳洲之树何青青。

烟开兰叶香风暖，岸夹桃花锦浪生。

迁客此时徒极目，长洲孤月向谁明。

◇译文

鹦鹉曾经飞到过吴江的岸边，江中的小洲流传着鹦鹉的美名。

鹦鹉向西飞回陇山，鹦鹉洲上芳香弥漫，草树青青。

烟云散开，风吹动兰叶散发着清香，两岸桃花落入江中泛起层层锦浪。

被贬谪的人此时只有徒然望向远方，长洲之上的孤月在照着谁呢。

友人会宿

涤荡千古愁，留连百壶饮。

良宵宜清谈，皓月未能寝。

醉来卧空山，天地即衾枕。

◇译文

为了涤荡这千古的忧愁，我留连这百壶美酒。

良宵适合与人清谈，皎月亦使人难以入眠。

醉意上来我就卧倒在这空山中，把天地作为我的被子和枕席。

月夜听卢子顺弹琴

闲夜坐明月，幽人弹素琴。

忽闻悲风调，宛若寒松吟。

白雪乱纤手，渌水清虚心^[1]。

钟期久已没，世上无知音。

◇注释

[1] "忽闻"四句：《悲风》《寒松》《白雪》《渌水》都是琴曲名。

◇译文

在明月夜中闲坐，听着幽人卢子顺弹琴。

忽然我听到了《悲风》的曲调，又好像是《寒松》的声音。

《白雪》之曲使你纤手忙乱，《渌水》之音又使人身心清净。

钟子期早已不在人间，世上再难觅那样的知音了。

赠孟浩然

吾爱孟夫子，风流天下闻。

红颜弃轩冕[1]，白首卧松云。

醉月频中圣[2]，迷花不事君。

高山安可仰，徒此揖清芬。

◇注释

　[1] 轩冕：轩车和冠冕，指代做官。

　[2] 中圣：中圣人，醉酒的隐语。曹魏时徐邈好饮酒，称清酒为"圣人"，浊酒为"贤人"。

◇译文

　我欣赏超然物外的孟浩然夫子，他的风流倜傥天下闻名。

　他年轻时就摒弃功名利禄，年老时就隐居深山，与松云为伴。

　他常常月下醉饮，迷恋山花野草，却不侍奉君王。

　他的品格连高山都要仰望，我只有在此向他的美好品行作揖。

早春寄王汉阳

闻道春还未相识，走傍寒梅访消息。

昨夜东风入武阳，陌头杨柳黄金色。

碧水浩浩云茫茫，美人不来空断肠。

预拂青山一片石，与君连日醉壶觞。

◇译文

听说春天已经归去而我尚未相识，于是走访寒梅寻访消息。

昨夜东风吹入武阳，路边的杨柳冒出嫩黄的新芽。

碧水浩荡，云雾茫茫，王汉阳你不来，令我空断肠。

我已经预先拂干净青山上的一片石，只等你来与你连日共饮共醉。

自遣

对酒不觉暝，落花盈我衣。

醉起步溪月，鸟还人亦稀。

◇译文

与朋友对饮，不知不觉就到了晚上，落花沾满了我的衣裳。

趁着月光，我在醉中漫步在溪水边，此时鸟儿都回家了，人影也很稀少。

赠卢司户 [1]

秋色无远近，出门尽寒山。

白云遥相识，待我苍梧间。

借问卢耽鹤 [2]，西飞几岁还？

◇注释

[1] 卢司户：卢象，字伟卿，任永州司户参军。

[2] 卢耽鹤：晋朝人卢耽，修炼仙术，常常化作白鹤飞到宫中。这里借指卢象。

◇译文

所到之处皆是一片秋色，出门看见的都是寒山。

卢君就像那白云与我早早相识，在苍梧之间等待着我。

试问卢君，此次西去，何时才会归来？

赠内

三百六十日，日日醉如泥。

虽为李白妇，何异太常妻^[1]。

◇注释

[1] 太常妻：东汉周泽身为太常卿，虔敬宗庙，清静自守，他卧病在斋宫，妻子去看望他。周泽却以干犯斋禁为由，把妻子押送进了诏狱。

◇译文

一年三百六十日，我每天都烂醉如泥。

你作为我李白的妻子，过得跟太常妻没有分别啊。

醉题王汉阳厅

我似鹧鸪鸟，南迁懒北飞。

时寻汉阳令，取醉月中归。

◇译文

我就像一只鹧鸪鸟，向南飞去却懒得北还。

如今为了寻找汉阳王县令，我在月下大醉而归。